Emmanule dimitry Ngounou NTOUKAM
Jean Claude Kamgang
Vivient Corneille Kamla

Prise en compte de la date de soumission, de la durée de traitement

AF532359

Emmanule dimitry Ngounou NTOUKAM
Jean Claude Kamgang
Vivient Corneille Kamla

Prise en compte de la date de soumission, de la durée de traitement

Noor Publishing

Imprint
Any brand names and product names mentioned in this book are subject to trademark, brand or patent protection and are trademarks or registered trademarks of their respective holders. The use of brand names, product names, common names, trade names, product descriptions etc. even without a particular marking in this work is in no way to be construed to mean that such names may be regarded as unrestricted in respect of trademark and brand protection legislation and could thus be used by anyone.

Cover image: www.ingimage.com

Publisher:
Noor Publishing
is a trademark of
International Book Market Service Ltd., member of OmniScriptum Publishing Group
17 Meldrum Street, Beau Bassin 71504, Mauritius

Printed at: see last page
ISBN: 978-620-2-35414-1

Copyright © Emmanule dimitry Ngounou NTOUKAM, Jean Claude Kamgang, Vivient Corneille Kamla
Copyright © 2019 International Book Market Service Ltd., member of OmniScriptum Publishing Group

ALGORITHME D'EXCLUSION MUTUELLE CLASSIQUE : PRISE EN COMPTE DE LA DATE DE SOUMISSION, DE LA DURÉE DE TRAITEMENT ET DU DÉLAI D'AFFECTATION DE LA RESSOURCE

NGOUNOU NTOUKAM Emmanuel Dimitry

Dédicace

À M. NGOUNOU Mathieu(mon papa)

Remerciements

La rédaction d'un mémoire de master 2 renferme d'énormes difficultés car elle exige de vastes connaissances intellectuelles et de nombreux conseils. Ainsi, au terme de ce travail, nous tenons à exprimer notre profonde gratitude à **DIEU TOUT PUISSANT** qui, sans cesse, nous guide et nous protège.

Nos remerciements vont particulièrement à :

Pr. KAMGANG Jean Claude mon encadreur, pour sa grande participation à l'édifice et l'amélioration ;

Dr. KAMLA Vivient Corneille pour ses conseils et l'attention portée à notre travail ;

Pr. NSO Emmanuel JONG, Directeur de l'ENSAI ;

Dr. Jonathan Lejeune qui nous a conseillé et a toujours réagi promptement à toutes nos sollicitations ;

Pr. Olivier Flauzac qui nous a permis de profiter de son immense connaissance du simulateur OMNET++ ;

Feu Dr. André NDI NYOUNGUI, qui restera à jamais notre modèle ;

Dr. YENKE Blaise Omer, Chef de Département du Génie Informatique à l'Institut Universitaire de Technologie de Ngaoundéré ;

Pr. MBAWALA Augustin, enseignant à l'ENSAI de Ngaoundéré ;

Pr. BITJOKA Laurent , enseignant à l'ENSAI de Ngaoundéré ;

Dr. FENDJI EBONGUE KEDIENG Jean Louis, M. NDAM NJOYA Arouna, M. DANGBE Ezekiel, tous enseignant à l'IUT de Ngaoundéré ;

M. FOTSA pour ses précieux conseils et critiques constructives ;

Tous les membres de l'équipe GRAMI du laboratoire LAMEX de Ngaoundéré particulièrement SOULEYMANOU, Arlette, Djoubayrou et Étienne pour leurs nombreux conseils et encouragements ;

Mme TIENTCHEU Anne Epse NGOUNOU, ma maman qui est toujours là pour moi ;

Ma grande-sœur, TCHOUAGA Gertrude Epse APSOUKA pour son soutien permanent ;

Mon grand-frère, NGOUNOU Rodrigue pour son soutien permanent ;

Tout le personnel de l'ENSAI de Ngaoundéré ;

Tous mes frères et sœurs ;

Tous mes anciens camarades de l'IUT de Ngaoundéré ;

Tous mes camarades de l' ENSAI de Ngaoundéré ;

Willy, Christelle,Appoline,Anita Clarisse et Jules pour leurs aides dans la relecture de ce mémoire ;

Et toute la grande famille à laquelle j'appartiens ;

Tous ceux qui de près ou de loin ont contribué à l'élaboration de ce mémoire.

Résumé

Le but principal de l'exclusion mutuelle en environnement distribué est de contrôler l'accès à une ressource critique. Des systèmes distribués à grande échelle comme les nuages ou les grilles mettent à disposition de leurs clients des ressources informatiques partagées. Dans ce type d'environnement, différentes contraintes en termes de priorité, de temps de réponse ou fiabilité doivent être prises en considération pour assurer une bonne qualité de service. Dans ce mémoire, deux algorithmes d'exclusion mutuelle à permission intégrant la priorité et des contraintes temporelles de chaque requête à savoir : la date d'échéance et la durée d'exécution en section critique ont été proposé, ceci en vue d'assurer une qualité de service. Nos algorithmeks se basent sur une structure logique des nœuds en arbre binaire complet. Ces algorithmes nommés PBDMEAQoS$_\alpha$ et PBDMEAQoS$_\beta$ sont basés sur les SLA. Ces algorithmes intègrent une priorité dynamique qui croît avec l'âge de la requêtes.
Mots clés : Algorithme distribué, exclusion mutuelle, contraintes de temps.

Abstract

The main aim of mutual exclusion in a distributed environment is to control access to a shared resource. Large scale distributed systems such as clouds or grids allocate shared computer resources for its clients. In such an environment, different constraints in terms of priority, response time or reliability should be considered to ensure a proper service quality. Two mutual exclusion algorithms, integrating priority and time constraints for each request, via deadline and execution time in the critical section have been proposed, with the aim of ensuring a proper service quality. The proposed algorithms are based on a logical structure of nodes in complete binary trees. The algorithms named $\text{PBDMEAQoS}_{\alpha}$ and PBDMEAQoS_{β} are SLA based. They integrate priority dynamics, which cumulates with the age of a request.

Key Words : Distributed algorithm, mutual exclusion, time constraints.

Table des matières

Table des figures

Liste des tableaux

Liste des sigles et abréviations

IUT : Institut Universitaire de Technologie

ENSAI : École Nationale Supérieure des Sciences Agro-Industrielles

GRAMI : Groupe de Recherche Appliquée en Mathématique et en Informatique

LAMEX : Laboratoire de Mathématique Expérimentale

SC : Section Critique

PBCBT : Permission Based using Complete Binary Tree

NTBCBT : Non Token Based using Complete Binary Tree

FIFO : First In First Out

EDF : Earliest Deadline First

SLA : Service Level Agreement

SD : Système Distribué

ISO : International Standard Organization

ITU : international Telecommunications Union

IEFT : Internet Engineering Task Force

ATM : Asynchronous Transfer Mode

OMNeT++ : Objective Modular Network Testbed in C++[Che15]

NS-2 : Network Simulator version 2

OPNET : Optimum Network Performance

TCP/IP : Transmission Control Protocol / Internet Protocol

HTTP : HyperText Transfer Protocol

PBDMEAQoS : Permission-based Distributed Mutual Exclusion Algorithms allowing Quality of Service

Introduction générale

La possibilité de mettre des ordinateurs en réseau ou de faire communiquer deux processus a donné naissance à l'informatique dite répartie. La faible puissance des micro-ordinateurs qui ne peuvent pas supporter à eux seuls l'exécution d'une tâche et la forte croissance des demandes en ressources matérielles et/ou logicielles ont conduit à la combinaison de plusieurs micro-ordinateurs, formant ainsi des systèmes dits répartis ou distribués.

Un système reparti ou distribué peut encore être vu comme un ensemble de composants matériels et logiciels localisé dans un réseau d'ordinateurs cordonnant et communiquant uniquement par le passage des messages [CDKB12]. La mises en réseau de ces différentes machines se fat suivant une topologie. La caractéristique principale de cette architecture repose sur la façon dont l'information est partagée (mémoire partagée ou mémoire distribuée). Les machines à mémoire partagée représentent l'architecture la plus fortement couplée. La mémoire partagée permet d'avoir un état global instantané cohérent et accessible à tous les processus d'une application. Les machines à mémoire distribuée sont caractérisées par l'absence de mémoire partagée, avec ou sans horloge globale[Gho14].

Parmi les problèmes posés par l'absence de mémoire partagée et d'horloge globale, on peut citer le problème d'accès aux ressources partagées. L'accès simultané par plusieurs processus à une ressource peut provoquer une situation d' incohérence ou d'inconsistance de la ressource. Les processus doivent respecter un ordre ou une coordination pour l'accès exclusif à la ressource critique. C'est le problème de l' **exclusion mutuelle** dans les systèmes distribués.

La première solution au problème de l'exclusion mutuelle a été proposée par le mathématicien hollandais Dekker en 1965. Ensuite, des solutions au problème de l'exclusion mutuelle dans les systèmes distribués ont été proposés par Lamport[Lam78]. Plusieurs nouvelles techniques et théories ont été développées pour prouver les bonnes performances de ces algorithmes. On distingue deux approches l'une basée sur les jetons et l'autre sur les permissions. Dans les approches basées sur les jetons, un jeton unique circule sur le réseau et seul son détenteur peut accéder à la ressource. Se retrouvent dans cette catégorie l'algorithme de Suziki-Kassami [SK85] avec N ou 0 messages (N étant le nombre de nœuds du système) , l'algorithme de Raymond [Ker89] ($log(N)$ messages) , l'algorithme de Naimi et Trehel [NT87] ($log(N)$ messages). Les algorithmes basés sur les permissions échangent des messages pour déterminer quel processus pourra accéder à la ressource critique. Des exemples de tels algorithmes sont :l'algorithme de Lamport [Lam78]($3*(N-1)$ messages), l'algorithme de Ricart-Agrawala [RA81] ($2*(N-1)$ messages), l'algorithme de Carvalho- Roucairol (entre 0 et $2*(N-1)$ messages) , l'algorithme de Maekawa (entre $2\sqrt{N}$ et $5\sqrt{N}$ messages),l'algorithme de Richa, Shikha et Pooja [RSP11] ($4log_2(N)$ messages),l'algorithme de Kamla et *al.*[KSD14] ($3log_2(N)$ messages).

Les algorithmes (à jeton et à permission) cités jusqu'ici ont pour principale but de minimiser le nombre de messages par section critique. Cela passe par la méthode de demande l'accès , par la topologie (arbre, anneau, circulaire) et par les types d'algorithmes statiques et dynamique . De plus, ils respectent un ordre FIFO. Tout message envoyé est supposé reçu au bout d'un certain temps. Le délai de transfert d'un message n'est pas connu à l'avance mais il est fini. De nombreux algorithmes distribués d'exclusion mutuelle ne sont pas forcément bien adaptés aux besoins spécifiques des systèmes distribués modernes. Des systèmes tels que les Clouds peuvent avoir des différentes contraintes en termes de priorité , temps de réponse ou fiabilité[Lej14]. Comme on le dit très souvent ***Le temps c'est de l'argent***, les **contraintes temporelles** devraient être prises en considération dans les algorithmes d'exclusion mutuelle distribués. C'est ainsi, que de nouveaux types d'algorithmes d'exclusion mutuelle distribuée adaptés à ces systèmes distribués modernes sont apparus. On peut distinguer essentiellement les algorithmes à **priorité** et les algorithmes **dédiés au cloud** .

Parmi les algorithmes à priorité, on a les algorithmes à **priorité statique** et ceux **priorité dynamique** . Dans les algorithmes à **priorité statique**, on peut citer l' algorithme de Goscinksi[AM90], de Housni-Tréhel[HT01] et celui de Mueller [Fra98]. Quant aux algorithmes à **priorité dynamique**, On a l'algorithme de Chang [YI94] et celui de Kanrar-Chaki [KC10]. Le défaut principal d'une telle démarche est que des inversions de priorités peuvent désormais survenir. Effectivement, l'incrémentation des priorités amènera au fait que des processus à petites priorités entreront en section critique avant d'autres processus de priorité supérieure. Lejeune et *al.* corrigent ce problème d'inversion dans [JLJP13].

Le cloud permet essentiellement de sous-traiter l'infrastructure de calcul d'un utilisateur ou l'infrastructure de stockage d'une organisation. Le cloud computing permet ainsi à des centaines de clients de partager leurs ressources informatiques via Internet pour un service efficace à un coût abordable [Gho14]. En vue de satisfaire sa nombreuse clientèle, le cloud se doit d'avoir certaines caractéristiques à savoir : *l'extensibilité* , *la disponibilité, la qualité de service, la tolérance aux pannes.* Ces différents critères permettent ainsi, de définir un contrat(SLA(Service Level Agreement)) entre le client et le fournisseur basé sur la qualité de service, l'idéale serait d'éviter de violer ce contrat. La qualité de service est importante pour n'importe quelle application à partir du moment où elle est enregistrée comme un contrat entre le client et le fournisseur. Parmi les algorithmes d'exclusion mutuelle distribuée destinés à cet environnement, on compte l'algorithme à priorités adaptatives de Edmondson et *al.* [ESG11], celui de Lim et *al.* basé sur un protocole de bavardage(gossip-protocol) permettant d'avoir une complexité de N messages par section critique et celui de Lejeune et *al.* dans [JLJP13]. L' algorithme de Lejeune et *al.* se base sur la circulation d'un jeton dans un arbre statique et permet aux requêtes clientes de spécifier au moment de leur émission une date d'échéance de satisfaction. Un mécanisme de contrôle d'admission accepte ou refuse les requêtes en fonction de l'état actuel du système[Lej14].

Cependant, **toutes ces nouvelles solutions sont basées sur les algorithmes à jeton**. Les algorithmes à jeton sont faciles à mettre en œuvre , moins coûteux en nombre de messages échangés et s'adaptent à l'extensibilité, mais la panne d'un nœud ou la perte du jeton est difficile à gérer. Les algorithmes à permissions sont coûteux en messages et pas facilement extensibles, mais ils sont naturellement plus **robustes** vis-à-vis des pannes comparé aux algorithme à jeton. En effet, Il n'existe pas de type d'algorithme meilleur que d'autres mais des classes d'algorithmes adaptées à un contexte et à des objectifs de performances précis [Sop08].

Ce qui précède nous amène à nous poser la question suivante :

Est-il possible de prendre en compte un contrat(Service Level Agreement) basé sur les contraintes de temps et les priorités de demandes d'accès à la

ressource critique dans les algorithmes d'exclusion mutuelle à permission ?

Nous comptons faire une amélioration de l'algorithme de Kamla et *al.* en y ajoutant les **priorités** et des contraintes temporelles notamment : **la durée d'attente** et la **durée d'exécution** des requêtes. En d'autres termes, nous aurons à définir la date après laquelle nos demandes seront rejetées, l'entrée en section critique dépendra de l'urgence(priorité) du processus demandeur de la SC.

Ainsi ce mémoire a pour principal objectif de :

Modifier l'algorithme de Kamla et al. en tenant en compte les contrats basés sur les contraintes de temps et priorités des demandes d'accès à la ressource critique

Avec pour objectifs spécifiques :

- Évaluer les processus pouvant être servi dans les délais;
- Privilégier les processus à fortes priorités;
- Optimiser l'utilisation de la ressource critique.

En vue d'atteindre ces objectifs, la suite de notre mémoire se structure comme suit : Au premier chapitre nous faisons un état de l'art sur le problème de l'exclusion mutuelle dans les systèmes distribués. Au deuxième chapitre, nous présentons l'algorithme de façon détaillée l'algorithme de kamla et *al.* ainsi que les notions de qualité de service qu'il faudrait y ajouter. Dans le troisième chapitre, nous proposons deux algorithmes d'exclusion mutuelle distribuée à permission intégrant des contraintes de temps auxquels nous associons des preuves et une analyse de leurs performances. Dans le quatrième chapitre, nous proposons une implémentation de l'un des deux algorithmes améliorés, nous l'avons effectuée avec le simulateur à événement discret OMNeT++. Nous terminerons par une conclusion générale et des perspectives.

Chapitre 1

Exclusion mutuelle distribuée : état de l'art

Dans ce chapitre, nous présenterons le problème de l'exclusion mutuelle ainsi que les notions liées à ce domaine. Et, nous ferrons un classement des algorithmes du domaine, ainsi que la présentation de quelques exemples pour chaque catégorie.

1.1 Les systèmes distribués

Avant les années 1980, les ordinateurs étaient encombrants et chers. A partir du milieu des années 1980, les progrès technologiques ont permis d'avoir des ordinateurs de plus en plus moins chers et performants. Ainsi, la mise en réseaux des ordinateurs était non seulement possible mais simple. Il y a eu le développement des réseaux à grande vitesse. A côté de ceci, on note une évolution en terme de besoins humains qui s'est faite ressentir et à titre d'exemple on peut citer : le besoin de fragmentation des informations dans les entreprises à grande échelle, le besoin d'un système à grande capacité d'évolution, le besoin de communication et d'information, le besoin d'intégration des applications existantes, le besoin d'adapter la structure du système à celle des applications, etc. Ces révolutions ont motivé l'avènement de ce que l'on a appelé les systèmes distribués ou répartis. Avant de poursuivre notre développement sur la question des systèmes distribués, il est convenable de donner une définition de ce concept.

1.1.1 Définitions

Un système distribué est une collection d'entités indépendantes coopérant en vue de résoudre un problème qu'elles ne peuvent pas résoudre individuellement [ADM08].

Un système distribué ou réparti peut être défini comme étant un système dans lequel les composants matériels et logiciels répartis sur différents nœuds d'un réseau d'ordinateurs communiquent et coordonnent leurs activités uniquement à travers des échanges de messages [CDKB12].

Un système distribué peut encore être défini comme une collection d'ordinateurs indépendants qui apparaissent aux utilisateurs comme un système unique et cohérent[TS07].

Au rang des systèmes distribués, nous pouvons citer comme exemple :

- **L'intranet**
  Un Intranet est une portion d'Internet administrée séparément et délimitée de façon à garantir une politique de sécurité locale [CDKB12] ; son architecture est basée sur le modèle client-serveur, où les clients et les serveurs communiquent à travers les protocoles TCP/IP et HTTP.
- **Les Grilles**
  Une grille est un ensemble de grappes connectées entre elles par un réseau de très haut débit.
- **L'Internet**
  Internet est une vaste collection de réseaux d'ordinateurs interconnectés [CDKB12]. Il est également basé sur le modèle client/serveur et ses ressources sont présentées aux utilisateurs à travers une interface unique qu'est le World Wilde Web.
- **Le cloud computing**
  Il permet à des clients (entreprise, personne) de sous-traiter l'infrastructure logicielle , les entrepôts de données et parfois de stocker leurs informations sur des serveurs distants. Les clients interagissent avec les applications et données du cloud via internet en utilisant leur navigateur web. L'utilisateur n'a pas besoin d'acquérir ou de maintenir des logicielles ou des matériaux chers, cependant il doit payer pour l'utilisation des ressources du cloud. Avec une disponibilité considérable de la vitesse du trafic et une décroissance du prix des ordinateurs, le cloud computing est une alternative économique par rapport à l'informatique conventionnel[Gho14].

Les systèmes distribués sont d'une importance capitale dans les avancées que connaît le monde aujourd'hui. Les systèmes distribués ont plusieurs domaines d'applications parmi lesquels : la science, la médecine et l'éducation.

- **Le domaine de la science**

  Le développement des grilles à été fondamental pour la eScience. Ceci, inclut l'utilisation des réseaux ayant plusieurs d'ordinateurs permettant de stocker, d'analyser et de traiter les données scientifiques. L'utilisation des systèmes distribués permet une collaboration entre les groupes de scientifiques à travers le monde[CDKB12].
- **Le domaine médical**

  Dans le cadre des consultations à distance, des volumes importants d'informations (images) sont échangés par de nombreux centres hospitaliers de par le monde ; ces informations jugées confidentielles doivent pouvoir être transmises sans être altérées. Ceci est rendu possible par les systèmes distribués.
- **Le domaine de l'éducation**

  L'émergence du e-learning à travers des outils des systèmes distribués. Les outils du web permettent d'avoir un environnement d'enseignement virtuel, on y retrouve des enseignements à distance, des collaborations distantes[CDKB12].

1.1.2 Caractéristiques des systèmes distribués

Les caractéristiques essentielles des systèmes distribués sont : la concurrence, l'absence d'horloge globale et l'indépendance des pannes des composants[CDKB12].

a) **Concurrence**

Dans un réseau d'ordinateurs, l'exécution concurrente des programmes est une norme. En effet, certaines ressources ne sont pas partageables et leur manipulation ne peut se faire que par un processus à la fois. Un exemple rencontré au quotidien est celui du partage d'une ressource physique telle une imprimante, mais aussi celui des ressources logiques telles que les bases de données ou les fichiers, etc.

b) **Absence d'horloge globale**

L'absence d'horloge globale dans les systèmes distribués est due à l'inexistence de la mémoire commune[CDKB12]. En effet, chaque processus se trouve dans un environnement différent et son état interne est une information à ce dernier ; de même, les informations sur les ressources partagées ne sont pas accessibles en temps réel. On peut donc comprendre pourquoi la coordination d'un ensemble de processus distribués nécessite le recours à la communication par échange de message. Malheureusement, un message parvient toujours à sa destination avec un retard, la conséquence qui en découle est le fait que l'information qu'il véhicule ne reflète pas toujours l'état d'un processus ou d'une ressource. Ces derniers peuvent changer d'état durant la transmission du message. Il est par conséquent impossible d'avoir une vision globale instantanée de l'état d'un système distribué, ce qui fait de la coordination un véritable challenge dans de tels systèmes.

c) **Indépendance des pannes**

Des systèmes peuvent échouer dans l'accomplissement de leurs tâches suite à une faille communément appelée panne. Les pannes dans un réseau résultent de l'isolement des nœuds connectés au réseau, mais ceci n'implique pas que ceux-ci arrêtent de fonctionner. En effet, les programmes qui s'exécutent sur les nœuds ne sont pas à mesure de détecter si le réseau a échoué, ou s'il est devenu lent. De façon analogue, la panne d'un nœud ou la terminaison inattendue d'un programme dans le système n'est pas immédiatement connue des autres composants communiquant avec le nœud en question. Un composant peut par conséquent tomber en panne, laissant les autres en plein fonctionnement.

d) **Autonomie et hétérogénéité**

Les processeurs sont faiblement couplés. Ainsi, ils ont des vitesses différentes et des systèmes d'exploitation différents. Il n'y a pas très souvent de système dédié mais, une coopération avec d'autres processeurs en vue d'offrir ou résoudre un problème conjointement. L'hétérogénéité peut mieux s'observer sur Internet, où une multitude de systèmes, de protocoles et d' environnements interagissent pour créer une infrastructure évolutive.

Les principaux avantages des systèmes distribués sont le partage des ressources, la vitesse de calcul, la parallélisation des tâches, la disponibilité du système et la communication. L'un des principaux buts des systèmes distribués est de produire un environnement efficace et commode pour le partage des ressources[SR03]. Ils ne possèdent pas de mémoire et de processeur en commun, ces ordinateurs communiquent par envoi de messages.

1.1.3 Challenges des systèmes distribués

Les systèmes distribués sont applicables à plusieurs domaines. Pour satisfaire aux exigences de ces différents domaines d'application, les systèmes distribués ont plusieurs défis à relever [CDKB12] :

a) **Interopérabilité**

Les systèmes distribués sont conçus à partir d'une variété de différents composants, systèmes d'exploitation, postes de travail et langages de programmation. Tous ces composants doivent pouvoir communiquer sans ambiguïté. Les techniques communément utilisées dans cette optique sont : les middlewares et les machines virtuelles.

b) **Ouverture**

L'ouverture désigne la possibilité d'ajout, de suppression, ou de modification de ressources et services dans un système distribué ; ceci nécessite que les interfaces logicielles soient documentées et accessibles aux développeurs d'applications.

c) **Sécurité**

Les échanges de messages dans les systèmes distribués nécessitent leur protection et l'authentification de leurs émetteurs. Ainsi, résoudre le problème de sécurité revient à assurer : la confidentialité des informations vis-à-vis des personnes non autorisées à les connaître, l'intégrité vis-à-vis de l'altération ou des modifications mal intentionnées des données échangées, la disponibilité du système.

d) **Passage à l'échelle**

Le passage à l'échelle dans un système distribué implique que ce dernier reste performant et conserve un coût raisonnable lors d'une augmentation importante (ou non) du nombre d'utilisateurs ou de ressources.

e) **Transparence**

L'objectif de la transparence dans un système distribué est de masquer toute la complexité liée aux échanges entre les utilisateurs, de telle sorte que ceux-ci ne s'occupent que des interfaces conçues pour leurs opérations.

f) **Prise en main des pannes**

Assurer la prise en main des pannes implique une intervention des aspects tels que la détection et le masquage des pannes, la tolérance aux pannes et la reprise après panne.

1.1.4 La gestion des ressources dans les systèmes distribués

Plusieurs exigences sont à satisfaire quant à la rentabilité des systèmes distribués mais, nous nous limiterons dans le cadre de ce mémoire à la problématique du partage des ressources.
Une **ressource** est une entité nécessaire pour l'exécution d'une opération. Nous avons par exemple le processeur pour le traitement des données, les supports de stockage, les liens de communication pour le transport des données, les fichiers, les zones de mémoire tampon, les files d'attente, etc.

Le problème de partage de ressources s'est posé dès lors que les premiers ordinateurs ont vu le jour [CDKB12] mais, au fur et à mesure que les révolutions technologiques donnaient naissance à de nouvelles générations de machines, cette même question était à l'ordre du jour.

En considérant l'exemple des grilles de calcul, nous voyons qu'elles sont un ensemble de machines réparties sur des lieux géographiques différents et ayant chacune sa propre mémoire. On comprend tout de suite qu'avec une telle évolution, la difficulté de gérer les ressources s'est d'avantage accrue car le libre accès à des ressources limitées entraîne inévitablement une utilisation inefficace qui pénalise l'ensemble des participants. Pour cause, chaque processus/machine a tendance à s'approprier de manière excessive les ressources au détriment des autres. Une façon de faire face à ce problème consiste à organiser la gestion de ces ressources, laquelle devra proposer des mécanismes de régulation afin de garantir une part équitable aux différents utilisateurs [Med11]. Le problème de partage de ressources est donc celui de l'implémentation des requêtes pour une ressource et une instruction de libération de celle-ci de sorte que lorsqu'un processus ou plusieurs processus quelconque sollicitent une ressource, éventuellement cette ressource leur soit allouée et ceci de manière non concourante [Kak95].

Plusieurs variantes ou cas particuliers de ce problème existent ; le problème de l'exclusion mutuelle est un cas particulier du problème de partage de ressource[Kak95]. Les paragraphes qui suivent présentent de façon assez succincte le problème de l'exclusion mutuelle.

1.2 Le problème de l'exclusion mutuelle classique

Dans un système distribué, les différents sites sont amenés à exécuter les tâches de façon simultanée. Pour leur exécution, les processus ont besoin des ressources. Dans un système distribué les processus doivent coordonner leurs activités, car il est possible que survienne une situation de compétition pour l'accès à une ressource. Nous avons des ressources dites **ressources critiques** ou **non partageables** qui ne peuvent être accédées que par un seul processus à la fois. Cette situation nécessite donc l'allocation exclusive de la ressource, afin d'éviter des conflits entre processus. Prenons un exemple, quand nous créditons notre compte en banque, ce crédit ne doit pas être perdu parce qu'en parallèle la banque débite un chèque. Dans ce cas la ressource non partageable ici est une zone mémoire contenant le solde de notre compte. L'exclusion mutuelle permet ainsi de contrôler n processus en conflit pour l'utilisation efficiente d'une ressource, or celle-ci ne peut être utilisée que par un seul processus à un instant donné. En d'autres termes, l'exclusion mutuelle classique consiste à manager l'accès à une unique et indivisible ressource qui ne supporte qu'un seul utilisateur à un instant donné.

Le problème d'exclusion mutuelle a été abordé pour la première fois par Edsger Dijkstra [Dij65]. L'auteur a posé les conditions suivantes pour assurer la séquentialité des opérations dans une section critique :

- À un instant t un seul processus occupe la ressource critique.
- Aucun ordre de priorité n'est assigné aux processus, de même que la vitesse relative aux processus n'est pas un facteur décisif pour l'entrée en section critique.
- L'arrêt ou la suspension d'un processus quelconque du système ne doit en aucun cas bloquer les autres processus.
- À la demande simultanée de plusieurs processus, la sélection finale doit se faire en un temps fini.

Par ces règles, l'atomicité des opérations sur une ressource dans une section critique est garantie. On parle alors **d'exécution en exclusion mutuelle**.

Ainsi pour pouvoir accéder à la ressource dans un système comme présenté, un processus suit un ensemble d'étapes. Un processus peut donc avoir un ensemble d'états :

→ **Tranquil** : Le processus ne demande pas l'accès à la ressource.

→ **Demandeur** : Le processus demande l'accès à la ressource critique.

→ **DansSC** : Le processus est en train de s'exécuter dans la ressource critique.

Les différents états peuvent avoir les transitions suivantes :

- de **Tranquil** à **Demandeur** : Transition survenant lorsqu'un processus souhaite entrer en section critique en faisant appel à **Demandeur**.
- de **Demandeur** à **DansSC** : indique que le processus peut entrer en section critique.
- de **DansSC** à **Tranquil** : indique que le processus a libéré la ressource critique.

Tout ceci est présenté à la figure 1.1

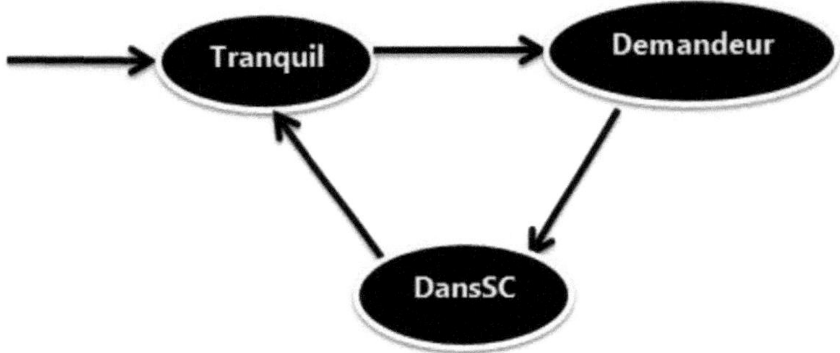

FIGURE 1.1: Différents états d'un processus

Pour accéder à la ressource critique un processus doit pouvoir répondre à ces interrogations :

A qui dois-je demander l'autorisation pour entrer en section critique ? En d'autre termes pour qu'un processus quitte de l'état **Tranquil** à **Demandeur** à qui doit-il demander l'autorisation ?

Qui dois-je informer lorsque je sors de la section critique ? En d'autre termes lorsqu'un processus doit quitter de l'état de **DansSC** à **Tranquil** qui doit-il informer ?

Dans ce mémoire, les mots "nœud", "processus" et "site" sont interchangeables.

1.3 Définitions et propriétés

1.3.1 Ressource critique

Une ressource désigne toute entité dont a besoin un processus pour s'exécuter. La ressource peut être matérielle comme le processeur ou en périphérique ou elle peut être logicielle comme une variable [Lej14]. Une ressource est caractérisée :

- Par un état : elle est libre ou occupée ;
- Par son nombre de points d'accès, c'est-à-dire le nombre de processus pouvant l'utiliser en même temps.

Une ressource critique est donc une ressource non partageable accessible par un seul processus à la fois.

1.3.2 Section critique

C'est le code d'utilisation de la ressource critique.
Comme exemple si nous considérons deux programmes P1 et P2 voulant imprimer sur la même imprimante (mode caractère) ; il faut préciser que la fonction Ecrire() est supposée être une instruction atomique d'impression d'un caractère.
P1 :
Char t1[4]= 'abcd' ;
For (i=0 ; i<4 ; i++)
Ecrire(t1[i]) ;
P2 :
Char t2[4]= 'ABCD' ; For (i=0 ; i<4 ; i++)
Ecrire(t2[i]) ;
En l'absence de synchronisation, il est possible d'obtenir à la sortie l'une des séquences suivantes respectant l'ordre d'exécution de chaque programme : abABcdCD,aAbBcCdD, abcABCDd, acACbdBD, etc, alors qu'on voudrait voir imprimer la séquence : abcdABCD.

1.3.3 Arbre binaire complet

Un arbre binaire est un arbre planaire dont chaque sommet a au plus deux fils. Un arbre binaire complet est un arbre binaire dont chaque sommet interne a exactement deux fils. L'exemple d'un tel arbre est donné par la figure 1.2.

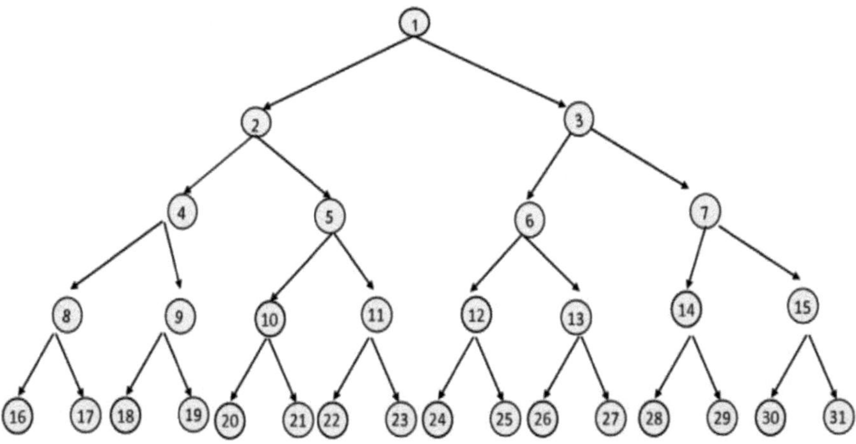

FIGURE 1.2: Exemple d'arbre binaire complet

On appelle hauteur d'un sommet de l'arbre la longueur du chemin de la racine à ce sommet.

Un arbre binaire de taille n a une hauteur moyenne $log_2(n)$.

1.3.4 Horloge logique

L'ordre des événements des différents processus apparaissant dans notre système distribué peut être d'une importance pour certaines applications distribuées[SR03]. Cependant, les sites constituant notre système sont géographiquement dispersés et possèdent donc des horloges différentes l'une des autres. Nous ne pouvons donc pas utiliser les horloges physiques des sites pour retrouver l'ordre des événements survenus dans notre système. Afin d'assurer une parfaite synchronisation des sites une solution logicielle appelée **horloge logique** (Time stamp) fut proposée.

Pour résoudre ce problème de synchronisation, Leslie LAMPORT a proposé en 1978 la méthode de l'horloge logique ou de l'estampille[Lam78]. Elle consiste à effectuer une datation des événements compatibles.

Chaque site S_i gère une variable H_i appelé *horloge logique*. H_i est une variable entière initialisée à 0, qui croît. Lorsqu'un événement a se produit sur un site S_i, la valeur de H_i est incrémenté de 1 ; la date de a, notée $H(a)$, est alors H_i. Par ailleurs :

- lors de l'émission d'un message par le site S_i, h_i est incrémentée de 1 ; un message m

est alors estampillé par (h_i, i) ; il devient donc de la forme (m, h_i, i) ; h_i est la date d'émission du message m.

- lors de la réception par S_j d'un message (m, h_i, i), l'horloge h_j est actualisée à la valeur $(max(h_i, h_j) + 1)$ et ce dernier nombre est considéré comme la date de réception du message.

Ces estampilles temporelles permettent d'ordonner totalement les événements.

1.4 Critère d'évaluation d'un algorithme

Un algorithme d'exclusion mutuelle classique s'évalue par un nombre minimal de critères. Coulouris et *al.* [CDKB12] indiquent des critères qualitatifs et quantitatifs.

1.4.1 Critères qualitatifs

Ce sont des critères qualitatifs nécessaires pour tout algorithme. Nous pouvons citer :

- **Sûreté :** à tout instant, il ne peut y avoir au plus qu'un seul processus qui est en section critique.
- **Vivacité :** tout processus désirant entrer en section critique doit être sûr d'y arriver en un temps fini.
- **Ordonnancement :** ici on s'intéresse à l'ordre avec lequel les demandes sont traitées. Il existe plusieurs politiques d'ordonnancement à savoir EDF(Earliest Deadline First), FIFO(First In First Out), FILO (Fist In Last Out), LIFO (Last In Fist Out), etc.
- **Tolérance aux pannes :** l'algorithme doit être capable de survivre en cas de panne d'un ou plusieurs sites.

1.4.2 Critères quantitatifs

L'appréciation d'un algorithme du point de vue quantitatif se fait par les points suivants :

- **Bande passante :** elle représente le nombre de messages échangés pour qu'un processus accède à la ressource critique. Elle est constituée des messages de demandes et d'autorisation en section critique. Du point de vue bande passante, les algorithmes nécessitant le plus petit nombre de messages sont les meilleurs.

- **Délai de synchronisation :** il est le nombre de messages envoyés entre la sortie d'une section critique par un processus et l'entrée du prochain. Un délai de synchronisation plus court est synonyme d'un algorithme meilleur.
- **Débit :** il se mesure grâce au délai de synchronisation entre un processus qui sort de la section critique et le prochain qui y entre pour N processus donné. Un délai de synchronisation faible est synonyme d'un bon débit.
- **Temps de réponse :** il représente l'intervalle de temps entre le moment où une demande est émise et le moment où elle sort de la section critique.

1.5 Taxonomie des algorithmes d'exclusion mutuelle

Un nombre considérable de solutions a été produit pour résoudre le problème d'exclusion mutuelle. Différents algorithmes utilisant des techniques différentes ont permis de résoudre le problème d'exclusion mutuelle avec différentes performances. Plusieurs publications dont celle de Michel RAYNAL [Ray91], Martin G. Velasquez [Vel93] et celle de P.C. Saxena et J. Rai [SR03] nous permettent de cataloguer les algorithmes d'exclusion mutuelle en deux grandes familles :

- **Les algorithmes à jeton** : un jeton unique circule dans l'ensemble du système. Seul le site qui possède le jeton peut accéder à la ressource critique.
- **Les algorithmes à permission** : le site voulant accéder à la section critique demande l'autorisation à d'autres sites du système.

De plus, ces deux types d'algorithmes (à permission, à jeton) peuvent être des algorithmes **statiques** ou **dynamiques**, à topologie **structurée** ou à topologie **non-structurée**. Un algorithme d'exclusion mutuelle distribuée est dit **statique** s'il ne se souvient pas de l'historique de l'exécution en section critique. Dans Les algorithmes de type **statique**, les nœuds n'ont pas besoin de garder les informations sur l'état courant du système. D'autre part, dans le cas des algorithmes **dynamiques** les nœuds gardent la trace de l'état courant du système et l'algorithme détient ainsi un mécanisme lui permettant de prendre des décisions à partir de ses connaissances du système[SR03]. Dans les algorithmes à topologie **structurée** les sites sont organisés d'une façon bien particulière, de manière logique comme l' anneau, l'arbre,... etc. Les messages circulent d'un site à un autre comme l'impose la structure logique de la topologie (de père au fils dans les structures en arbre). Dans les topologies **non-structurées**, il n'existe pas de topologie logique imposée sur sites et les messages d'un site peuvent être envoyés en parallèle, c'est-à-dire qu'il y a diffusion de message [SR03].

Les deux grandes familles d' algorithmes se rapprochent lorsqu'il existe un coordinateur qui centralise les livraisons des jetons ou des permissions. Ceci donne donc naissance aux **algorithmes centralisés**.

1.5.1 Algorithme centralisé

Le problème de l'exclusion mutuelle peut être résolu par une simple et efficiente solution centralisée. D'après Nicola Santoro [Nic07], la résolution se fait de la manière suivante :

Initialement, un site du système est élu comme leader, ce site coordonnera l'octroi des permissions comme suit :

1. Chaque site voulant entrer en section critique demande l'accès au leader;
   une fois la permission accordée, le site entre en section critique et une fois que le site a terminé, il informe le site leader.
2. Le site leader octroie la permission à une seule demande à un instant donné. Il gère une file de demandes en attente de la ressource critique. Il s'assure que l'exclusion mutuelle et l'équité sont satisfaites.

Le site leader assure la justesse selon une politique d'ordonnancement **FIFO**. Elle voudrait que la première demande soit la première à accéder à la ressource critique.

Cette solution facile à implémenter présente certaines caractéristiques à savoir :

Complexité en bande passante : Avec la désignation d'un site leader pour octroyer la ressource critique, il faut 1 message pour la demande d'accès, 1 message pour l'autorisation et 1 message lors de la libération, soit une complexité total de 3 messages.

Délai de synchronisation : Lorsqu'un processus finit son exécution en section critique, il informe le site leader. Le site leader octroie la ressource immédiatement au prochain processus en attente. Ainsi, nous avons un délai de synchronisation de 2 messages.

Faiblesse de l'algorithme centralisé : Le site leader peut-être un goulot d'étranglement car submergé par un grand nombre de requêtes qu'il ne peut supporter. En plus, si le site leader tombe en panne c'est le système tout entier qui sera hors service car il est le seul à pouvoir octroyer l'accès à la ressource critique.

1.5.2 Algorithmes à jeton

Dans cette catégorie d'algorithme, le droit d'entrer en section critique se définit par la détention d'un objet spécial appelé **jeton**. Le système ne possède qu'un seul jeton. Le jeton est partagé entre les sites, il se balade tout le long du système. L'acquisition du jeton garantit l'accès à la ressource critique. La propriété de sûreté est assurée donc par l'existence d'un seul jeton dans le système. La propriété de vivacité est assurée par le fait que le jeton se déplace de site en site dans le système. Ainsi, lorsqu'un site reçoit le jeton s'il a besoin de la ressource critique, il garde le jeton. A sa sortie de la section critique, il passe le jeton à un autre site du système. Au cas où le site reçoit le jeton et n'est pas intéressé par la section critique, il passe le jeton au site suivant. Ainsi, un site voulant entrer en section critique demande le jeton et attend sa réception pour entrer effectivement en section critique. Plusieurs types d' algorithmes figurent dans cette catégorie.

L'idée de base de l' algorithme de Suziki-Kassami [SK85] est de transférer le privilège d'entrer en section critique en utilisant un message $PRIVILEGE$ unique. Initialement le nœud 1 a le privilège. Un nœud demandant le privilège envoie un message $REQUEST$ à tous les autres nœuds. Un nœud recevant un message de privilège est autorisé à entrer en section critique plusieurs fois jusqu'à ce qu'il décide de l'envoyer à un autre nœud. Un message $REQUEST$ du nœud j est de la forme $REQUEST(j, n)$ où j est le numéro du nœud et n est le numéro de séquence du message indiquant que le nœud j est à la n-ième invocation de la section critique. Chaque nœud a un tableau RN de taille N pour enregistrer le plus grand nombre de séquence reçu par chaque nœud. A la réception d'un message $REQUEST(j, n)$, le processus i met à jour sa table RN en faisant $RN = max(RN[j], n)$. Un message $PRIVILEGE$ est de la forme $PRIVILEGE(Q, LN)$ où Q est une file contenant les requêtes et LN une table de taille N telle que $LN[j]$ est le numéro des séquences de la requête du processus j ayant reçu récemment l'autorisation d'accès en section critique. Lorsqu'un processus i sort de la section critique, la table LN reçue récemment par ce processus est mise à jour selon $LN[i] := RN[i]$. Après la mise à jour de LN , si Q n'est pas vide alors le processus i envoie un message $PRIVILEGE(tail(Q), LN)$. Si Q est vide alors le processus i retient le privilège jusqu'à la réception d'un message $REQUEST$. Tout ceci nous permet d'avoir un algorithme avec une complexité de N.

Dans l'algorithme de Raymond [Ker89], les processus sont structurés sous forme d'arbre et communiquent seulement avec le parent ou les fils. Cet algorithme structurel organise les processus dans un arbre fixe, ayant pour racine le détenteur du jeton et donc le seul à pouvoir entrer en SC. Quand un nœud a besoin du jeton, il envoie un message à son parent. Les requêtes sont propagées à travers les nœuds de l'arbre pour se diriger vers la racine qui a une file pendante. Chaque nœud enregistre sa propre demande et toutes les demandes de ses nœuds fils sans sa file local FIFO. En parcourant l'arbre, les requêtes sont enregistrées dans la queue de chaque processus. Ainsi, lorsqu'un processus désire entrer en section critique, il insère sa demande dans la queue avant de l'acheminer. Lorsque le message parvient au processus qui détient le jeton, si ce dernier a libéré la section critique, il envoie le jeton au premier processus en tête de file et ce processus devient son père. Quand un processus reçoit le jeton, il dépile la première requête de sa file locale. Si cette requête est de lui, il peut exécuter la section critique ; sinon il retransmet le jeton au premier élément de sa file locale, le choisit comme nouveau père et si des requêtes demeurent pendantes, lui envoie une requête pour récupérer le jeton. En termes de complexité, le nombre moyen de messages nécessaires pour l'accès à la section critique est de l' ordre de $log(n)$.

L'algorithme de Naimi-Tréhel [NT87] se base sur la circulation d'un jeton dans une structure d'arbre dynamique. Sur le même principe que l'algorithme de Raymond, les nœuds envoient toujours leurs requêtes à leurs pères. Chaque nœud S_i possède deux variables à savoir **Last** et **Next**

- *Last :* indique l'identifiant du site initiateur du dernier message de requête reçu par s_i. Elle contient l'identifiant du site à qui s_i devra envoyer une requête la prochaine fois qu'elle voudra entrer en section critique. Cette variable permet de définir une structure d'arbre dynamique où la racine d'un arbre (last = nil) est le dernier site qui obtiendra le jeton parmi l'ensemble des sites ayant une requête pendante.
- *Next :* indique le site à qui s_i devra envoyer le jeton après qu'elle ait terminé son exécution dans la ressource critique.

Un site demandeur s_i ne peut accéder en section critique que s'il a obtenu le jeton. En effet, le message Requête du site s_i est acheminé séquentiellement le long de l'arborescence jusqu'à ce qu'il arrive à la racine S_r. Tout site intermédiaire s_j (qui fait suivre la requête de s_i vers son dernier) met à jour sa variable $Last_i$ à s_i.Le site racine s_r peut être soit le site qui détient le jeton : il transmet le jeton directement au site s_i ; ou c'est le dernier processus qui recevra le jeton dans un futur proche. Dans ce cas, il met à jour sa variable $Next_r$ à s_i. La moyenne du nombre de messages échangés pour entrer en section critique dans cet algorithme est de l'ordre de $log(n)$.

En 2006 Chaudhuri et Edward proposent un algorithme à jeton basé sur la migration des files [CT06] dans un système distribué entièrement connecté de N nœuds. Ils divisent le système en $\sqrt{N}$ groupes de $\sqrt{N}$ nœuds chacun. Les nœuds dans un groupe peuvent communiquer directement avec chaque autres dans le but d'entrer en section critique. Un nœud dans chaque groupe est sélectionné pour former un groupe global, ce nœud est alors appelé nœud de liaison. Les nœuds de liaison collectionnent les requêtes locales et globales pour l'acheminer vers le détenteur du jeton. Ainsi, le jeton circule dans les groupes locaux et globaux en vue d'assurer l'exclusion mutuelle. La complexité est de l'ordre de $\sqrt{N}$ messages au pire des cas et de 2 au meilleur des cas.

Dans la majorité des algorithmes, les requêtes sont satisfaites selon une politique du "premier arrivé, premier servi" grâce à une horloge logique sur les requêtes ou bien grâce à l'horloge physique du détenteur du jeton (ou du futur détenteur). Cependant, cette approche n'est pas adaptée lorsque l'on doit gérer des processus avec des priorités différentes comme dans les applications temps-réel, ou dans les systèmes basés sur des niveaux de qualité de service[JLJP13].

Parmi les algorithmes à priorités, on observe deux catégories à savoir les algorithmes à priorité **statique** et ceux à priorité **dynamique** [Lej14].

Dans les algorithmes à priorité **statique**, la priorité d'un processus reste inchangée jusqu'à sa satisfaction. L'entrée en SC respecte l'ordre exact des priorités sans inversion des priorités. Toutefois, la famine des sites à faibles priorités reste toujours possible si les sites à hautes priorité demandent perpétuellement l'accès à la SC. L'algorithme de Goscinksi [AM90] est une amélioration de l'algorithme de Suzuki-Kasami [SK85] en y intégrant les priorités. Les requêtes en attente de la SC sont enregistrées dans une queue globale et sont ordonnées en fonction de leur priorité. La file est incluse dans le jeton. Elle présente une complexité en nombre de messages de l'ordre de $O(N)$. De plus, dans cette catégorie on peut citer l'algorithme de Housni-Tréhel [HT01] qui adopte une démarche hiérarchique où les sites sont groupés par priorité. Dans chaque groupe, un site routeur représente le groupe auprès des autres groupes. Les sites routeurs utilisent entre eux l'algorithme de Ricart-Agrawala [RA81]. Quant aux sites d'un même groupe, leur topologies est celle d'un arbre statique avec une queue de requête global FIFO, on y applique l'algorithme de Raymond [Ker89]. La famine est possible pour les sites à basses priorités, si beaucoup de sites de haute priorité sollicitent plus la SC. De plus, chaque site ne peut changer de priorité ainsi, il fera des requêtes qu'en gardant toujours la même priorité (celle de son groupe). Dans la catégorie des algorithmes à priorité statiques, on distingue aussi l'algorithme de Mueller [Fra98] qui se base sur l'algorithme de Naimi-Tréhel[NT87] qui utilise un arbre dynamique comme structure logique pour la transmission des requêtes.

Les algorithmes à priorité **dynamique** se comportent de la façon suivante, la priorité d'une requête est incrémentée au cours du temps pour assurer la vivacité. Généralement, les priorités des requêtes pendantes augmentent à chaque enregistrement d'une nouvelle requête de plus haute priorité. Ainsi, l'émission de requêtes de plus haute priorité a pour effet d'augmenter les petites priorités, ce qui à terme amène l'accès à la SC. L'inconvénient majeur d'une telle démarche est que des inversions de priorités peuvent désormais se produire. En effet, l'incrémentation des priorités amènera au fait que des requêtes à petites priorités entreront en section critique avant d'autres requêtes de priorité supérieure. De plus ces algorithmes ont un surcout en messages dû aux mises à jour des priorités dans le système. Les deux algorithmes de référence de cette famille sont : l'algorithme de Chang [YI94], l'algorithme de Kanrar-Chaki [KC10] et celui de Lejeune et *al.* [JLJP13] qui est une amélioration de Kanrar-Chaki. Ces trois algorithmes se basent sur la circulation d'un jeton dans un arbre statique comme l'algorithme de Raymond [Lej14].

La crue rapide du cloud computing et la croissance rapide des grandes données a changé le paysage des systèmes distribués[Gho14]. La différence fondamentale entre l'environnement du cloud computing et le systèmes distribués classique est la paie pour l'usage économique et un approvisionnement dynamique des ressources sur l'environnement du cloud computing. Le cloud computing permet essentiellement de sous-traiter l'infrastructure de calcul d'un utilisateur ou l'infrastructure de stockage d'une organisation, ces centres(cloud computing) permettent ainsi à des centaines de clients de partager leurs ressources informatique via Internet pour un service efficace à un coût abordable [Gho14]. En vue de satisfaire sa clientèle nombreuse, le cloud se doit d'avoir certaines caractéristiques à savoir : **l'extensibilité, la qualité de service, la tolérance aux pannes** . Dès lors que les applications du cloud partagent des ressources, leurs accès devraient être contrôlés pour éviter des inconsistances. En d'autres termes, l'exclusion mutuelle devrait être assurée par le cloud. Compte tenu de leurs caractéristiques, les algorithmes d'exclusion mutuelle pour les systèmes distribués classiques ne peuvent pas être directement appliqués aux Cloud computing. Les algorithmes pour le cloud devraient avoir la possibilité de manipuler le caractère dynamique du système, extensibles, tolérants aux pannes, honorant les contrats (entre client et fournisseur (Service Level Agreement)), satisfaire la qualité de services et faire la différence entres les classes d'utilisateurs(priorités). Ainsi, on distingue des algorithmes dédiés aux cloud on peut citer l'algorithme de Lim et *al.*[LCCY12], Lejeune et *al.* [LASS12] et Edmondson, Schmidt et Gokhale[ESG11].

Dans cet algorithme de Edmondson, Schmidt et Gokhale [ESG11] appelé Prioritizable Adaptive Distributed Mutual Exclusion (PADME), les auteurs respectent les principes du cloud computing qui voudrait que le service dépende de la paie du client. Ainsi, un client qui paye cher a naturellement droit à une qualité de service meilleure que celle du client qui paye moins. Donc, PADME se base essentiellement sur ce principe. Dans cet algorithme, on utilise une topologie d'arbre logique, ce qui permet donc aux requêtes clients de priorité élevée d'être poussé rapidement vers la racine de l'arbre. L'avantage de cette approche est qu'elle permet aux requêtes à forte priorité d'avoir une complexité faible, un bon délai de synchronisation et donc la qualité de service respectée. PADME utilise trois types de message «REQUEST » « REPLY », « RELEASE ». La configuration des messages « REQUEST » « REPLY », « RELEASE » peut changer en fonction de la qualité de service à produire, ainsi on aura plusieurs types de message. D'abord, Il existe deux types de message de type « REQUEST ». Le premier modèle consiste à envoyer directement les messages reçus à son propre père. Et la deuxième approche consiste à maintenir une file de requête triée de toutes les requêtes émises par les fils au niveau du parent. Ensuite, dans cet algorithme, on distingue deux modèles de message de type « REPLY ». Dans le premier modèle, le parent envoie directement le message de type « REPLY » au fils sans lui-même entrer en section critique comme dans l'autre modèle où le premier père entre d'abord en section critique pourvu qu'il ait une liste pendante. Enfin, le message de type « RELEASE » possède également deux modèles. Le premier voudrait que lorsqu'un nœud reçoit ce type de message, qu'il envoie directement à son nœud parent sans entrer en section critique. L'autre façon de faire voudrait que lorsqu'un nœud reçoit un message de type « RELEASE » de l'un de ses fils, qu'il entre en section critique. Hormis ces types de messages, J. Edmondson, D. Schmidt et A. Gokhale présentent également deux niveaux de priorités un à priorité **honnête** et l'autre à **équité**. Dans le modèle de priorité **honnête**, les processus triés de manière croissante accèdent à la SC, ceci conduit à la famine des processus à très grandes priorités. Quant au modèle à **équité**, les processus seront servis de manière équitable (FIFO). La performance de cet algorithme peut s'observer via les simulations. Les paramètres mesurés durant l'analyse dynamique du système sont notamment le débit et la différence de priorité.

Il existe une classe de protocoles réseaux nommées **protocoles de bavardage**(gossip protocol). Ce protocole s'inspire par la forme des rumeurs observées sur les réseaux sociaux. Due à l'agrandissement des nœuds d'un système et la présence continuelle d'une nouvelle information sur un nœud, comme informé les autres. Dans un système appliquant la communication gossip, chaque nœud dispose de deux états **actif** et **passif**. Le protocole de communication gossip se comporte comme suit :

A chaque cycle

- Un nœud à l'état actif sélectionne aléatoirement un nœud voisin et envoie un message ;
- Le nœud à l'état actif attend une réponse du destinataire ;
- Après la réception du message du destinataire, il met à jour l'information locale avec le message reçu ;
- Un nœud à l'état passif attend de recevoir d'un nœud voisin actif et de lui répondre ;
- Ensuite, le nœud à l'état passif met à jour l'information locale en fonction de celle reçue par l'expéditeur[LCCY12].

Comme exemples d'application, on pourrait citer Amazon qui utilise le protocole de communication Gossip pour diffuser rapidement de l'information dans son système S3 (Simple Storage Service) et le logiciel BitTorrent qui utilise également le protocole Gossip pour l'échange basique d'information.

L'avantage que présente le protocole Gossip est sa capacité d'adaptation à une évolution dynamique (ajout et départ des nœuds) du système et la tolérance aux pannes. Ces caractéristiques sont également des spécificités propres au cloud. Ainsi en vue de faire face à ces problèmes du cloud, Lim et *al.* présente un algorithme d'exclusion basé sur le protocole gossip avec une complexité de l'ordre $O(n)$ (n étant le nombre de nœuds)[LCCY12].

L' algorithme de Lejeune et *al.* [LASS12] se base sur l'algorithme Raymond. Cet algorithme repose sur la circulation d'un unique jeton dans une topologie en arbre statique où le nœud racine est le détenteur du jeton. De plus, chaque site maintient une file locale de requête. Il a pour principal but de satisfaire les requêtes avant leur date d'échéance. Ainsi, il faudra éviter d'avoir des requêtes non satisfaites avant leur date d'échéance, satisfaire le plus de requêtes possibles afin d'avoir un bon débit de section critique. Dorénavant, tout processus devra fournir deux valeurs à savoir :

- La date d'échéance d'accès à la section critique ;

– Le temps de section critique requis.

Chaque file locale est ordonnée selon une politique Earliest Deadline First (EDF), c'est-à dire par ordre de dates d'échéance croissantes. En cas de dates égales, l'ordre appliqué est celui du temps de section critique requis croissant. On préfère ainsi favoriser la requête qui demande moins de temps de section critique.

La particularité de l'algorithme de Lejeune et *al.* est qu'elle intègre deux mécanismes principaux à savoir :

Le **contrôle d'admission** qui permet de décider si une requête peut être satisfaite ou non. Le contrôle d'admission permet d'éviter d'accepter des requêtes que l'on ne peut pas satisfaire dans l'état actuel du système. Sa décision permet d'accepter ou de rejeter les requêtes en amont. Si la réponse est positive, alors le système s'engage à satisfaire la requête en respectant ses contraintes avec une forte probabilité. Si la réponse est négative, la requête est définitivement rejetée et le processus applicatif doit reformuler une nouvelle requête avec des contraintes moins importantes et/ou attendre que la charge du système diminue.[Lej14]

Le **mécanisme de préemption** qui permet de décider du chemin que le jeton suivra dans la topologie, afin d'en rentabiliser son utilisation. Contrairement à un ordonnancement classique d'exclusion mutuelle (FIFO ou à priorité), l'ordre dans lequel les requêtes sont satisfaites importe peu à condition que l'ensemble des requêtes acceptées soient satisfaites avant leur date d'échéance. Il peut alors être possible entre deux sections critiques successives d'un ordonnancement EDF de satisfaire d'autres requêtes de nœuds se situant entre les deux processus concernés.

Lorsqu'un processus P_i demande l'accès à la ressource critique, une fonction de contrôle d'admission ayant deux paramètres (date d'échéance et temps d'exécution) est effectuée pour valider la demande. Si le résultat de cette fonction est négatif alors le processus annule sa requête. Sinon, si le résultat est positif, le processus se met en attente du jeton. Cependant, si le jeton n'arrive pas avant la date d'échéance, la requête est alors abandonnée et ne donnera pas lieu à une section critique. En effet, ce cas est possible en cas d'erreur d'estimation du contrôle d'admission. Cet algorithme annule les requêtes qui ne sont pas satisfaites à leur date d'échéance pour éviter l'effet cascade sur les autres requêtes et ne pas dégrader ainsi le taux de violations.

À la réception d'un message de requête réclamé par un site s_i, si le processus possède le jeton mais ne l'utilise pas, le jeton est alors envoyé en direction du demandeur. Sinon, le processus efface de sa file locale une requête obsolète de s_i qui pourrait éventuellement subsister et appelle ensuite la fonction de contrôle d'admission (contrôler si la requête reçue peut être validée localement ou non) en passant en paramètre les informations transmises dans le message de la requête.

Lorsqu'un processus reçoit le jeton, il fusionne la file du jeton avec celle de sa file locale. Afin d'éviter de stocker indéfiniment des requêtes qui auraient manqué leur date d'échéance, le processus efface de sa file locale toute requête obsolète. Si la file demeure non vide alors le processus cherche un prochain destinataire du jeton avec le mécanisme de préemption. Le jeton est ensuite envoyé ou bien éventuellement utilisé par le processus. Afin d'assurer qu'un processus ne connaisse pas les requêtes provenant de son père (invariant de l'algorithme de Raymond), le processus efface ces dernières de sa file locale à chaque transmission du jeton. Notons que lorsque le site entre en section critique, sa requête n'est pas effacée de la file locale (contrairement à l'algorithme de Raymond), car ses contraintes peuvent encore servir pour la décision du contrôle d'admission.

1.5.3 Algorithmes à permission

Le principe de base des algorithmes à permission repose sur la notion de **permission**. Lorsqu'un site veut entrer en section critique, il demande la permission à d'autres sites. Avant d'entrer en section critique il attend la réponse des permissions demandées. Lorsqu'un site reçoit une demande de permission, s'il n'est pas intéressé par la ressource critique il envoie sa permission au site demandeur. Le site demandeur pourra ainsi entrer en section critique après avoir reçu la permission de tous les sites auxquels il a fait une demande. Les algorithmes à permission se basant essentiellement sur l'échange des messages, il est alors souhaité que peu de messages soient envoyés sur le réseau afin de réduire la consommation de la bande passante et le délai de synchronisation pour déterminer quel serait le processus qui accèdera à la SC. Dans ce type d'algorithme, la propriété de sûreté de l'exclusion mutuelle est assurée par l'invariant suivant : " A tout moment au plus un site possède toutes les permissions". Plusieurs types d'algorithmes figurent dans cette catégorie.

L'algorithme de Leslie Lamport[Lam78] fut l'un des premiers algorithmes d'exclusion mutuelle a être proposé. Dans cet algorithme, pour entrer en section critique dans un système où nous avons n nœuds, l'algorithme de Lamport se comporte comme suit. Il envoie $n-1$ demandeurs, une fois qu'il a reçu les réponses favorables des $n-1$ demandes, il répond aux $n-1$ nœuds en vue de leur faire comprendre qu'il va entrer en section critique. Une fois sa sortie effectuée, il envoie $n-1$ messages aux autres nœuds pour leur faire comprendre qu'il est sorti de la section critique. Par conséquent, tout accès à la section critique nécessite $3*(n-1)$ messages. Cet algorithme utilise l'horloge logique (comme décrit à 1.3.4) pour ordonner ces évènements.

Ricart et Agrawala dans [RA81] constatent que l'algorithme de lamport peut être amélioré en réduisant le nombre de messages échangés pour avoir accès à la ressource critique. Ils constatent que lorsqu'un processus p veut entrer en section critique, il demande l'accès. Une fois toutes les réponses obtenues, il entre en section critique. A sa sortie, il n'aura pas besoin de faire une notification. En d'autres termes, il peut se résumer de la manière suivante :

→ Lorsqu'un processus P_i demande la section critique, il diffuse une requête datée à tous les autres processus.

→ Lorsqu'un processus P_i reçoit une requête de demande d'entrée en section critique de P_j, deux cas sont possibles :

- si le processus P_i n'est pas demandeur de la section critique, il envoie son accord à P_j.
- si le processus P_i est demandeur de la section critique et si la date de demande de P_j est plus récente que la sienne, alors la requête P_j est différée, sinon un message d'accord est envoyé à P_j.

→ Lorsqu'un processus P_i sort de la section critique, il diffuse à tous les processus dont les requêtes sont différées, un message de libération.

L'algorithme de Ricart-Agrawalla utilise $2*(n-1)$ messages par accès à la section critique et un délai de synchronisation d'un seul message.

Les algorithmes de Ricart-Agrawalla et Leslie Lamport sont des algorithmes statiques. Pour diminuer le nombre de messages échangés pour entrer en section critique, Carvalho-Roucairol propose un algorithme dynamique visant à améliorer celui de Ricart-Agrawala. Les processus maintiennent l'information sur la liste des permissions. Un processus P_i peut considérer qu'il a la permission d'un site P_j, si P_j ne lui a pas envoyé de nouvelles demandes d'accès à la ressource critique. Ainsi un site n'enverra pas de demandes aux sites non-demandeurs de la ressource critique. Cette amélioration permet d'avoir un algorithme avec une complexité de 0 à $2(n-1)$.

Tous les algorithmes précédents sont dits algorithmes à **permission individuelle ou consensus total**. Dans cette catégorie, un processus peut donner sa permission à plusieurs autres à la fois. Un processus demandeur désirant entrer en section critique doit demander un ensemble de permissions à d'autres processus. Un processus accède à la ressource critique lorsque le site demandeur reçoit $N-1$ permissions (N étant le nombre de nœuds).

L'algorithme de Maekawa [Mae85] contrairement aux algorithmes à **permission individuelle ou consensus total** est catalogué dans les algorithmes à **permission par arbitre ou consensus partiel**. Dans cette approche, un site (l'arbitre) donne sa permission à un seul site à la fois. Ainsi, lorsqu'il donne sa permission à un site s_i, toute autre requête reçue sera mise en attente. Le site pourra alors donner sa permission à la prochaine requête lorsque s_i sortira de sa section critique. Il est ainsi impossible d'avoir deux permissions simultanées provenant d'un même site. L'ensemble des sites est divisé en sous-ensembles de manière à ce que l'intersection de chaque sous-ensemble avec un autre sous-ensemble ne soit pas vide. C'est-à-dire que les sous-ensembles de sites à qui un processus demande la permission sont construits tel qu'ils y aient toujours au moins un processus commun à 2 sous-ensembles. Un processus commun à 2 sous-ensembles est alors **arbitre**. C'est donc ces processus communs qui déterminent à qui donner la ressource critique. D'après l'algorithme de Mamorou Maekawa, il n'est pas nécessaire pour un processus d'obtenir la permission de tous les autres avant d'entrer en section critique. Le processus demandant l'accès à la section critique doit seulement obtenir les permissions des sous-ensembles chevauchant de processus. Il associe à chaque processus P_i un ensemble de votants V_i. Les ensembles V_i sont choisis tels que pour tout i et j soit entre 1 et N :

- $V_i \cap V_j \neq \emptyset \; \forall i,j 1 \leq i,j \leq N$;
- P_i est contenu dans V_i ;
- Les ensembles V_i ont tous le même cardinal k ;
- Chaque processus P_j est contenu dans M ensembles de votants.

Maekawa construit les ensembles V_i à partir des plans projectifs finis et montre par la suite que la solution optimale qui minimise k et permet aux processus de réaliser une exclusion mutuelle est $K \approx \sqrt{N}$ et $M = k$. L'algorithme de Maekawa utilise entre $2\sqrt{N}$ et $5\sqrt{N}$ messages en bande passante. Cet algorithme présente une bonne complexité, cependant le fait qu'un arbitre ne donne sa permission qu'à un seul demandeur, peut conduire à des situations d'interblocages. De plus, la construction des ensembles est un problème.

Lodha et Kshemkalyani proposent dans [LK00] un algorithme distribué d'exclusion mutuelle basé sur l'équité qui diminue la complexité de l'algorithme de Ricart-Agrawala en utilisant ces intéressantes observations. Quand un site veut en attente s'exécuter en SC, il n'a pas besoin de l'accord de tous les autres sites du système. Pour entrer en SC, un site n'a que de l'accord du site qui le précède en termes de priorité. Par exemple, si les sites $S_{i1}, S_{i2}, \ldots, S_{in}$ sont tous en attente de la SC et que le site S_{i1} a une priorité supérieure à celle de S_{in} et que les priorités vont de manière décroissante de S_{i1} à S_{in}. Pour entrer en SC, un site S_{ik} a seulement besoin de l'autorisation de S_{ik-1}, $1 < k \leq n$ pour entrer en SC. Cet algorithme requiert entre $n-1$ et $2(n-1)$ messages par section critique.

En 2011 Richa et *al.* dans [RSP11] proposent un algorithme d'exclusion mutuelle avec une topologie d'arbre binaire complet. Dans cet algorithme basé sur l'horloge logique de Lamport, les échanges se font de fils en père. On distingue quatre types de messages qui consistent à demander l'autorisation en SC, à donner l'autorisation en SC , à signaler que l'on a donner l'autorisation à SC et de signaler sa sortie de la SC. Dans cette topologie, seule la racine de l'arbre permet de donner l'autorisation au SC. Les messages sont ainsi transmis de fils au père jusqu'à la racine de l'arbre. Cet algorithme présente une complexité de $4log_2(N)$ et un délai de synchronisation de $3log_2(N)$. Cependant, il présente des insuffisances en termes de complexité, de vivacité et d'ordonnancement. Une amélioration faite par Kamla et *al.* dans [KSD14] a une la complexité à $3log_2(N)$ et le délai de synchronisation à $2log_2(N)$. Une étude approfondie de l'algorithme de Kamla et *al.* fera l'objet de la section 2.1.

1.6 Avantages et inconvénients des approches

D'après Julien Sopena [Sop08], les différentes stratégies mises en œuvre par ces algorithmes présentent chacune des avantages et des inconvénients. Il n'existe donc pas une classe d'algorithmes meilleure que les autres mais des classes adaptées à un contexte et des objectifs de performances précis.

Les algorithmes à permissions sont naturellement plus robustes vis-à-vis des pannes. Un site ayant reçu les permissions nécessaires peut accéder à la section critique sans pour autant attendre la réponse de tous les sites du système. La panne d'un site ne conduit donc pas forcément à l'arrêt du système. Les algorithmes à permissions présentent par contre quelques inconvénients. Tout d'abord, ils sont couteux en messages. Si l'envoi des requêtes peut parfois se faire en multicast, les permissions sont, elles envoyées par des communications point à point. Ensuite, ajouter des sites aux systèmes tout en conservant de bonnes performances de fonctionnement demande l'ajout de mécanismes complexes et couteux en messages.

À l'inverse, qu'ils soient basés sur l'utilisation de structures simples ou bien de mécanismes de diffusion, les algorithmes à jeton présentent l'avantage d'être beaucoup plus facile à mettre en œuvre, ce qui permet d'envisager leur application dans des systèmes de grande taille. Ils sont aussi beaucoup moins coûteux en termes de messages : les sites n'attendant que la réception du jeton pour entrer en section critique, on évite ainsi le coût des envois point à point des permissions. Un autre avantage des algorithmes à jeton sur les algorithmes à permissions, réside dans la facilité d'ajout de nouveaux participants. Le mécanisme d'insertion ne modifie que localement la structure : ajout de feuille dans le cas de Naimi-Tréhel, insertion dans l'anneau pour les dérivés de Le Lann ou bien encore ajout d'un nœud dans le graphe pour l'algorithme de Raymond. Mais si l'ajout est simple, la gestion de la panne d'un nœud est rendue beaucoup plus difficile. En effet, dans les algorithmes à jeton structurés, la vivacité est entièrement basée sur les propriétés des structures utilisées. Ces propriétés peuvent être entièrement remises en cause par la panne d'un simple site et leur recouvrement nécessite des mécanismes complexes.

1.7 Extension de l'exclusion mutuelle

Comme extension de l'exclusion mutuelle on peut citer la **K-exclusion mutuelle** et **l'exclusion mutuelle de groupe**. La **K-exclusion mutuelle** pose le problème de garantir l'intégrité d' une ou plusieurs copies d'une ressource partagée en autorisant plusieurs processus à être en section critique en utilisant une ou plusieurs copies de la ressource. **L'exclusion mutuelle de groupe** pose le problème de partage de m ressources en exclusion mutuelle par n processus. Un groupe est alors associé à chaque type de ressource et les SC appartenant à un même groupe peuvent s'exécuter concurremment, tandis que les SC appartenant aux groupes différents doivent être exécutées en exclusion mutuelle.

Conclusion

Dans ce chapitre, nous venons de présenter la notion d'exclusion mutuelle distribué et certains concepts employés dans ce domaine. Le regroupement de ces algorithmes en fonction de la façon dont est attribué la ressource critique nous autorise de distinguer :

- **Les algorithmes centralisés**;
- **Les algorithmes à jeton**;
- **Les algorithmes à permission** .

Nous présenterons dans le chapitre suivant l'algorithme PBCBT et ses différentes limites. Ces limites sont entre autres la qualité de service(date de soumission, durée d'exécution,priorité). De plus, nous présenterons la qualité de service dans les systèmes distribués.

Chapitre 2

Algorithme PBCBT et qualité de service dans les systèmes distribués

Une fois la revue de la littérature à propos des algorithmes d'exclusion mutuelle faite dans le chapitre précédent, nous ferons dans ce chapitre une étude profonde de l'algorithme PBCBT en vue de dégager ses limites. Cet algorithme est proposé par Kamla et *al.* [KSD14] et est catalogué dans les algorithmes à permission.

2.1 Algorithme PBCBT

2.1.1 Environnement de l'algorithme

2.1.1.1 Fiabilité des communications

Dans cet algorithme, ils supposent que les machines communiquent entre elles par envoi de message sur un réseau fiable et sans crash. Le délai de transfert d'un message n'est pas connu à l'avance, mais il est fini.

2.1.1.2 Topologie logique du réseau

L'environnement de l'algorithme d'exclusion mutuelle distribuée PBCBT est une structure en arbre. Le système de N machines physiquement indépendantes et autonomes est organisé logiquement en arbre binaire complet.

2.1.1.3 Types de messages

Les types de messages utilisées sont les suivantes :

REQUEST : Permet à un nœud de demander l'accès à la section critique.

REPLY : Permet d'autoriser un nœud d'entrer en section critique.

EXIT : Permet de sortir de la section critique.

2.1.1.4 Format d'un message

Le format d'un message est le suivant :

- L'identité de l'expéditeur : Cette information permet de savoir à tout moment qui a émis le message.
- L'horloge : c'est l'estampille du message tel que défini par LAMPORT.
- L'objet du message : il s'agit d'un champ renseignant si le type de message est de type REQUEST, REPLY ou EXIT.

2.1.1.5 Informations tenues par un nœud

Chaque nœud i contient et met à jour les variables suivantes :

Flag : Cette variable renseigne si le nœud est en section critique.

Granted : Cette variable renseigne si le nœud a autorisé un accès en section critique à un autre nœud. Les valeurs sont : 1 pour signifier 'autorisé' et 0 pour signifier 'pas autorisé'.

REQUEST QUEUE : Cette queue contient la liste des sites ayant demandé au site i l'accès en ressource critique.

2.1.2 Pseudo code de l'algorithme PBCBT

2.1.2.1 Principe de l'algorithme

Nous résumons l'algorithme de la manière suivante.
Lorsqu'un site i veut enter en section critique, il insère dans sa propre queue des requêtes un message de type REQUEST dont il est lui même l'expéditeur.

A la réception d'un message REQUEST, le site j intermédiaire transmet ce message à son parent en se substituant à l'expéditeur, puis insère le message initial dans sa propre queue de requêtes. L'insertion se fait de manière à ce que la queue des requêtes soit ordonnée suivant les estampilles des messages.

A la réception d'un message REPLY par un site k, immédiatement ce dernier dépile son plus ancien message REQUEST dans la queue . Si ce message REQUEST lui appartient, Il met son Flag à 1 et entre en section critique; Sinon il envoie un message REPLY au fils ayant transmis ce plus ancien message et met sa variable Granted à 1.

A la sortie de la section critique, le site met sa variable Flag à 0. S'il est ROOT, il envoie un message EXIT à lui même ; sinon il envoie un EXIT à son parent.

A la réception d'un message EXIT par un site j, ce dernier met sa variable Granted à 0. Si j est différent de ROOT alors immédiatement il envoie un message EXIT à son parent ; sinon il envoie un message REPLY à lui même si sa queue de requêtes n'est pas vide.

2.1.2.2 Formalisation de l'algorithme PBCBT

Dans l'algorithme PBCBT, premier de REQUEST_Q désigne le message qui est en tête de la queue de requêtes. L'insertion d'un message se fait de manière à ce que la queue de requêtes soit triée dans l'ordre croissant des estampilles des messages. Lorsqu'un message REQUEST doit être transmis à un nœud parent, le nœud courant se substitue à l'expéditeur du message, le nœud parent devient le récepteur du message et le reste du contenu du message reste inchangé.

Algorithm 1: Algorithme PBCBT-Initialisation

```
Initialisation des variables;
Procédure init();
begin
    Flag ← 0;
    Granted ← 0;
    msg ← NIL;
    REQUEST_Q ← 0;
    Traitement_message();
```

Algorithm 2: Algorithme PBCBT-Demande-SC

```
Demande d'entrée en section critique;
Procédure demande();
begin
    Insérer un message REQUEST dans sa propre file REQUEST_Q ;
    if nœud courant != ROOT then
        Envoyer ce message REQUEST à son père ;
```

Algorithm 3: Algorithme PBCBT-Sortie-SC

```
Sortie de la section critique par le site i;
Procédure sortie();
begin
    Flag ← 0 ;
    Granted ← 0 ;
    if i == ROOT then
        Envoyer EXIT à lui-même ;
    else
        Envoie un message EXIT à son parent ;
    Aller à Traitement_messages() ;
```

2.1.3 Critère de performances

Dans cette partie, nous présentons les résultats obtenus de l' algorithme PBCBT , cet algorithme respecte les propriétés de l'exclusion qui sont la sureté et la vivacité.

2.1.3.1 Sureté

Il s'agit ici de s'assurer qu'au plus un seul processus à la fois peut accéder à la ressource critique. En effet, dans l'algorithme PBCBT à l'initialisation de l'ensemble des nœuds, aucun processus n'a encore accès à la ressource critique. L'accès à la ressource critique par un site est obtenu suite à l'autorisation de tous ses nœuds parents successifs depuis le nœud racine(ROOT). Le nœud ROOT n'autorisera aucun autre accès en ressource critique tant qu'il n'aura pas reçu un message EXIT, synonyme de libération de la ressource critique. Ils ont conclu que cet algorithme autorise au plus un seul accès simultané à la ressource critique et qu'il vérifie ainsi le critère de sureté.

2.1.3.2 Vivacité

Kamla et *al.*[KSD14] ont prouvé qu'un nœud ne peut pas se retrouver dans une situation de blocage infini et qu'il accèdera à la ressource après un temps fini. En tenant compte de l'hypothèse de la fiabilité du réseau de communication et de l'absence de crash sur les nœuds, tout processus en fin de section critique envoie un message EXIT à son parent ou à lui même (s'il est ROOT). En effet, lorsqu'un message EXIT arrive au nœud ROOT il réagit en envoyant un message REPLY à lui même, ce qui lui permet d'accéder

Algorithm 4: Algorithme PBCBT-Traitement des messages

```
Traitement des messages par les sites du système ;
Procédure Traitement_message();
begin
    while Flag == 0 do
        Recevoir(msg);
        if msg = = REQUEST then
            if nœud courant = = ROOT then
                if Granted == 1 then
                    Insérer msg dans REQUEST_Q avec sa date d' émission ;
                else
                    Granted ← 1;
                    Envoyer REPLY à l'expéditeur de msg;
            else
                Insérer msg dans REQUEST_Q avec sa date d ' emission;
                Envoyer msg au nœud parent;
        if msg == REPLY then
            if nœud courant == expéditeur de premier de REQUEST_Q then
                Flag ← 1;
                Granted ← 1;
                Enlever premier de REQUEST_Q;
                Entrer en Section critique;
            else
                Granted ←1;
                Envoyer REPLY à premier de REQUEST_Q;
                Enlever premier de REQUEST_Q;
        if msg == EXIT then
            Granted ← 0;
            if nœud courant == ROOT then
                if REQUEST_Q n' est pas vide then
                    Granted ← 1;
                    Envoyer REPLY à lui même;
            else
                Envoyer Exit au parent ;
```

lui même à la ressource critique ou alors d'envoyer un message REPLY à un de ses fils. Chaque REQUEST émis par le site i étant inscrite dans sa propre REQUEST QUEUE, il finira par se retrouver en tête et accéder à la section critique.

Bande passante

Nous évaluons ici le nombre de messages échangés pour un accès à la section critique dans un ensemble de N nœuds au total. Pour que la demande d'accès en ressource critique parvienne jusqu'au ROOT, il faut au pire des cas en moyenne $log_2(N)$ messages REQUEST. Ce nombre représente la hauteur moyenne de l'arbre binaire complet de taille N. L'autorisation d'accès en ressource critique nécessite également l'envoi de $log_2(N)$ messages REPLY. Enfin, d'exécution de la section critique, le nœud doit faire parvenir un message EXIT au ROOT en passant tous ses parents successifs, ce qui coûte également au pire des cas $log_2(N)$ messages EXIT. Au total, il faut au pire des cas $3log_2(N)$ messages par accès à la ressource critique.

Délai de synchronisation

Il s'agit ici d'évaluer le nombre de messages entre la sortie de la section critique par un processus et l'entrée du suivant. En fin de section critique, il faut faire parvenir un message EXIT au ROOT en passant tous les nœuds parents successifs, ce qui coûte au pire des cas $log_2(N)$ messages. Par la suite, il faut envoyer au pire des cas $log_2(N)$ messages REPLY depuis le nœud ROOT pour autoriser l'accès en ressource critique au prochain processus en attente. Ils totaliseront alors un délai de synchronisation de l'ordre de $2log_2(N)$ au pire des cas.

Ordonnancement

Il est question ici d'évaluer l'amélioration de l'ordre dans lequel les autorisations d'accès en section critique sont octroyés.

Il faut d'abord noter que chaque nœud voulant accéder en section critique doit s'insérer dans sa propre file d'attente de requêtes, ce qui supprime tout injustice d'ordonnancement au niveau local.

Ensuite, lorsqu'un message de type REQUEST est reçu d'un nœud fils, il doit être inséré dans la file d'attente de requêtes dans l'ordre du TIMESTAMP d'émission du message. Cette insertion permettra à un message qui a été retardé sur le réseau lors de l'envoi de rattraper sa position dans la nouvelle file d'attente. Le prochain message REPLY qui octroie l'autorisation d'entrée en section critique sera alors alloué au plus ancien message REQUEST.

Les injustices d'ordonnancement se trouvent ainsi réduits bien pas totalement supprimées. En effet, si un nœud est en voie d'octroyer un message REPLY, il ne se contente que de sélectionner le plus ancien messages de sa propre table. Il peut alors se trouver qu'un message plus ancien ne lui soit pas encore parvenu. Notons toutefois que la décision d'octroyer la ressource à la demande disponible est la meilleure, sinon, on retiendrait inutilement la ressource pendant un temps, ce qui pénalise globalement les autres nœuds en attente.

2.1.3.3 Comparaison des bandes passantes

De la comparaison des complexités en bande passante des algorithmes d'exclusion mutuelle distribuée par permission, Kamla et *al.* ont ressorti que l'algorithme PBCBT est meilleur avec $3log_2(N)$ messages par accès en section critique. Ils apportent une nette amélioration par rapport à l'algorithme d'exclusion mutuelle distribuée de [RSP11] qui semblait jusqu'à lors être un meilleur algorithme avec une complexité de $4log_2(N)$ tout en présentant quelques incohérences.

2.1.3.4 Comparaison des délais de synchronisation

Il ressort de l'analyse des complexités des délais de synchronisation des algorithmes d'exclusion mutuelle distribuée par permission que l'algorithme PBCBT bien que n'étant pas la meilleure sur cet aspect, représente une avancée vers la réduction du délai de synchronisation de l'algorithme d'exclusion mutuelle distribuée de Richa, Shikha et Pooja. Le tableau 2.1 résume la comparaison entre les bandes passantes et les délais de synchronisation de quelques algorithmes à permission (avec N le nombre de nœud dans le système).

2.1.4 Identification des manquements de l'algorithme PBCBT

L'algorithme PBCBT ne prend pas en compte certaines caractéristiques des systèmes distribués modernes à l'instar des clouds. Dans les systèmes distribués modernes (cloud), les ressources sont considérés comme des services qu'il s'agisse de matériel, de plate-forme de développement ou de logiciel. On ne paye que ce qu'on consomme, cela permet de limiter

Tableau 2.1: Comparaison des délais de synchronisation et de la bande passante [KSD14]

Algorithme	Bande passante	Délai de synchronisation
Lamport 1978	$3(N-1)$	1
Ricart-Agrawala 1981	$2(N-1)$	1
Carvalho-Roucairol 1985	$0-2(N-1)$	1
Maekawa 1985	$2\sqrt{N}-5\sqrt{N}$	2
NTBCBT 2011	$4log_2(N)$	$3log_2(N)$
PBCBT 2014	$3log_2(N)$	$2log_2(N)$

les dépenses inutiles. Ceci voudrait dire que plus on paye plus on est prioritaire sur l'accès aux ressources. Une politique d'ordonnancement telle que FIFO serait inappropriée pour un tel système. Les nœuds du système devraient alors posséder des priorités, ceci en vue de distinguer les droits des différents utilisateurs de notre système.

Le temps d'exécution de l'instruction dans l'algorithme est supposé négligeable par rapport au temps de transition du message dans le système [SR03] telle est l'une des considérations de certains algorithmes d'exclusion mutuelle distribuée, l'algorithme PBCBT n'en est pas en reste. Car, elle suppose que pour tous les messages, le délai de transfert d'un message n'est pas connu d'avance mais il est fini. Cependant, le temps de traitement des instructions ne peut être négligé dans un système réel. De plus, la durée que mettra un processus dans la ressource critique n'est pas prise en considération, ceci voudrait dire qu'un processus pourrait attendre indéfiniment l'autorisation de la ressource critique. L'émetteur d'une demande d'entrée en SC pourrait définir son temps de réponse (temps d'attente). Ainsi, la demande la plus urgente serait prioritaire. Outre le manque de temps de réponse, dans l'algorithme PBCBT, si un nœud est en voie d'octroyer un message REPLY, il ne se contente que de sélectionner le plus ancien des messages de sa propre table. Il peut alors se trouver qu'un message plus ancien ne lui soit pas encore parvenu.

Nous constatons donc que l'algorithme PBCBT ne s'adapte pas à certains environnements tels que le cloud où les utilisateurs sont exigeants. Car ils voudraient avoir les réponses à leurs différentes requêtes dans un certain temps. Et, en fonction du coût qu'ils payent avoir en retour une certaine qualité de service.

Ainsi, tous ces manquements (prise en compte de la priorité, le temps d'exécution, le délai de transfert, le temps d'attente) présentés ci-dessus permettent d'apprécier la qualité de service d'un algorithme d'exclusion mutuelle. La définition de la qualité de service et son étude dans les systèmes distribués fera l'objet de notre prochain titre.

2.2 La qualité de service et l'exclusion mutuelle distribuée

2.2.1 Définitions

Avant d'appliquer la qualité de service, quoi de plus malin que d'en comprendre au préalable sa signification. Au fait qu'est-ce que la qualité ? Qu'est-ce qu' un service ? Une étude des définitions serait indispensable à notre bonne compréhension. Le dictionnaire Le Grand Robert(2005) définit la **qualité** comme étant une manière d'être plus ou moins caractéristique d'une chose. Il la définit encore comme étant ce qui fait qu'une chose soit plus ou moins recommandable, par rapport à l'usage ou au goût humain, qu'une autre chose de même espèce ; la qualité est aussi le degré plus ou moins élevé d'une échelle de valeurs pratiques.
Le **service** quant à lui est défini par Le Grand Robert comme étant ce que l'on se fixe comme un devoir : obligation morale qui résulte d'une décision personnelle ; ce que l'on fait pour satisfaire cette obligation. Ainsi, la qualité de service est un ensemble des caractéristiques permettant d'apprécier l'aptitude d'un service à satisfaire des besoins exprimés. La qualité consiste à répondre aux besoins d'un problème avec une noblesse. Donc, satisfaire la qualité de service consisterait à satisfaire les exigences de la qualité. Ne pas respecter la qualité de service voudrait dire qu'il existe un écart entre le résultat produit et le résultat souhaité.

Hormis les définitions du dictionnaire, il existe également des définitions normatives. Ainsi, la **qualité** pour Hamilton Nana dans [Ham09] est décrite comme suit :

- Aptitude d'un produit ou d'un service à satisfaire, au moindre coût et dans les moindres délais, les besoins des utilisateurs[ISO 9000 : 1982] ;
- Ensemble des propriétés et caractéristiques d'un produit ou d'un service qui lui confère l'aptitude à satisfaire des besoins exprimés ou implicites [ISO 9000 : 1987] ;
- Ensemble de caractéristiques d'une entité qui lui confère l'aptitude à satisfaire des besoins exprimés ou implicites [ISO 9000 : 1994] ;
- Aptitude d'un ensemble de caractéristiques intrinsèques à satisfaire des exigences [ISO 9000 : 2000].

Le **service** est pour Hamilton Nana [Ham09] :

- Un travail fourni par quelqu'un et qu'on le rémunère ;

- Une activité du secteur tertiaire, qui ne produit pas de biens matériels.

A partir de ces quelques définitions, si l'on s'intéresse à l'expression « qualité de service », on comprend déjà que le bénéficiaire du service est le client, et que sa qualité est en rapport avec ses exigences. La qualité de service serait donc un élément permettant de fidéliser ses clients. Pour pouvoir parler d'amélioration de la qualité de service, il faut donc définir les exigences de départ, celles qui vont permettre de borner la qualité attendue, mais aussi définir le système de mesure et le suivi de cette qualité :

- La définition des exigences de qualité de service réside dans la consolidation du contrat de service (Service Level Agreement) ;
- Les mesures sont définies par la construction des indicateurs de niveaux de services ;
- Les niveaux de services sont suivis par l'examen des indicateurs, par l'analyse des causes de non-respect de ces indicateurs et par l'identification du plan d'action d'amélioration du niveau de services non respectés.

[Ham09]

2.2.2 La qualité de service dans les systèmes distribués

Un système se met sur pied en vue d'accomplir certaines fonctions pour ses utilisateurs. Ces utilisateurs attendent ainsi un comportement dit **normal**. Lors de l'exécution d'une opération, certaines erreurs ou défaillances du système peuvent arriver. On parlera de comportement **anormal**. La qualité de service permet donc de dissimuler le comportement anormal du système comme s'il fonctionnait normalement. En général, les utilisateurs du système exigent les performances et la qualité de service avec laquelle s'effectue ces différentes performances[ISO 98][ISO98]. De nos jours, les utilisateurs ne demandent pas seulement des applications qui répondent à leur besoin, mais qui s'exécutent avec une grande qualité de service. Certaines applications s'exécutant dans un système distribué demandent que des fortes performances soient garanties dans le réseau (*Le mieux qui pourra être fait sous certaines circonstances*). Par exemple, sur Internet les applications multimédia ont souvent besoin d'un minimum de débit et un maximum de latence pour s'exécuter correctement [TS11].

Il n'existe pas de définition formelle ou commune de la qualité de service pour les réseaux et les applications. Cependant, dans la littérature on retrouve des définitions adoptées par des organisations telles que ISO, ITU-T, IETF, ATM forum and QoS forum. Les définitions suivantes sont très souvent citées [Mel09] :

- ISO et ITU-T [ISO98] la définisse comme " *un ensemble d'exigence qualité sur un comportement collectif de un ou plusieurs objets* " ;
- Le forum sur la qualité de service (QoS) la définit comme : " *Un collectif de mesure du niveau de service délivré au client. La qualité de service peut être caractérisé par quelques critères de performances principales, incluant la disponibilité, tolérance aux pannes, le temps de réponse et le débit, la perte d'appels ou de transmission due à la surcharge du réseau, le temps de connexion, et la vitesse de détection des pannes et correction*"[Mel09] ;
- Ferguson et Huston dans [FH98] pensent que :" *la qualité contient beaucoup de propriétés dans la gestion d'un réseau, mais les gens utilisent la qualité pour décrire le processus de distribution des données de manière sûre ou encore une manière meilleure que la normale. La qualité veut aussi dire un trait distinctif ou une propriété distincte, les gens utilisent la qualité pour décrire des caractéristiques particulières des applications réseau spécifiques ou des protocoles*".

De toutes ces définitions précédentes qui sont loin d'être exhaustives, il ressort que la qualité de service possède certaines propriétés à respecter pour être satisfaite. Dans un SD elle requiert également certains attributs, pour mieux jauger sa performance. Des attributs ou délimiteurs de la qualité de service devraient être connus ou former un modèle. Dans [WSZ12], la qualité de service (QoS) peut avoir le modèle suivant :

QoS=< *Disponibilité, Temps de réponse,Extensibilité,Fiabilité,Coût,Sécurité*>

où

- **Disponibilité** est le pourcentage de temps pour lequel le service est disponible pour un certain moment ;
- **Temps de réponse** décrit l'intervalle de temps qui sépare le moment où la demande de service a été effectuée et le moment où le service est rendu ;
- **Extensibilité** représente la capacité d'agrandissement du service informatique par le système informatique du fournisseur et l' aptitude du système à traiter plus de demandes, les opérations et transactions des utilisateurs à un intervalle de temps précis ;
- **Fiabilité** représente l'aptitude du système à exécuter les fonctions qui lui sont assignées même sous certaines conditions pour un intervalle de temps spécifique ;
- **Coût** est le prix que doit payer le client pour avoir droit au service (Cloud) ;
- **Sécurité** voudrait dire fournir des mesures de protection à savoir l'authentification,

l'autorisation, la confidentialité, la traçabilité, le cryptage des données, et la non-répudiation.

En général, quand on parle de qualité de service, au moins deux entités sont concernées à savoir : l'entité qui demande le service et celui qui rend le service. Le premier est appelé **client** et le second **fournisseur** [Mel09]. Dans les SD l'accès à certains services tel que le partage de ressources (ressources critiques) doit se faire avec un certain ordre afin d'éviter des inconsistances de ces ressources, ceci pose donc un problème d'exclusion mutuelle. Pour éviter des problèmes d'incohérence de ressource critique, le processus qui demande la ressource (**demandeur**) doit avoir le consentement des autres processus du système(**fournisseur**).

L'exclusion mutuelle est un problème fondamental de la programmation concourante [ADM08], elle est l'un des paradigmes fondamentaux des systèmes distribués pour garantir des accès cohérents aux ressources partagées. **La qualité de service** permet d'apprécier la façon avec laquelle les différents processus sont satisfaits (exécution en section critique). Le but de la qualité de service est de produire préférentiellement la réponse aux demandes des utilisateurs en se rassurant de la disponibilité, accessibilité et du temps de réponse...

Conclusion

Dans ce chapitre, nous avons présenté l'algorithme PBCBT en relevant ces forces et ces limites. Comme force, on peut citer la complexité et le délai de synchronisation de l'algorithme qui sont respectivement $3log_2(N)$ et $2log_2(N)$. Parmi les limites de cet algorithme, on peut noter l'absence de la qualité de service. La qualité de service permet de satisfaire un ensemble de paramètres parmi lesquels le temps de réponse du service demandé.

Dans la suite, nous allons proposer deux algorithmes d'exclusion mutuelle intégrant les notions de qualité de service en termes de temps de réponse. Ceci, passe par la définition de certaines propriétés (priorité, date d'échéance, durée d'exécution) pour chaque processus sollicitant la section critique et le choix du processus devant s'exécuter en SC d'une manière bien particulière.

Chapitre 3

Proposition de deux algorithmes d'exclusion mutuelle à contraintes temporelles

Dans cette partie, nous chercherons à améliorer l'algorithme PBCBT en y ajoutant des contraintes temporelles à savoir la durée d'attente pour les demandes d'accès et la durée de traitement de la ressource critique. En plus de cela, nous tiendrons compte du privilège (priorité du processus) des demandes. Ceci a pour but de s'assurer qu'un maximum de demandes soient satisfaites avant la fin de leurs durées d'attente.

Nous proposons deux versions améliorées de l'algorithme PBCBT communiquant par envoi de messages entre les nœuds. Ces algorithmes prennent en compte la durée d'attente, la priorité et la durée de traitement d'un processus. Tout ceci en vue de s'assurer de la vivacité de l'algorithme pour une meilleure qualité de service.

Pour y arriver, nous présenterons dans un premier temps les motivations qui nous ont poussés à intégrer des contraintes temporelles dans l'algorithme PBCBT et dans un deuxième temps les améliorations apportées et les performances de nos algorithmes.

3.1 Motivations

3.1.1 Travaux précédents

Jonathan Lejeune dans sa thèse [Lej14] soutenue en septembre 2014, après avoir proposé d'une part un algorithme à priorité et d'autre part un algorithme à contraintes temporelles a émis des perspectives. Comme perspectives globales il propose une combinaison des algorithmes à priorités avec les algorithmes à contraintes temporelles. Il conclut en disant : " *On pourrait ainsi prendre en compte dans une même requête un ensemble de ressources requises avec une priorité ou/et une date d'échéance. Ce type de requête a de l'intérêt dans les systèmes de réservation de ressources tel que OAR [OAR] qui gère l'accès des utilisateurs à des ressources physiques dans une grille de calcul mais de manière centralisée. Chaque utilisateur peut ainsi verrouiller un ensemble de ressources hétérogènes en indiquant éventuellement une date de réservation requise (dates d'échéance) ainsi qu'un niveau de priorité pour différencier par exemple les administrateurs des utilisateurs.*"

3.1.2 Observation des files d'attente

Le demandeur d'un service en se mettant dans une file, voudrait attendre le moins possible. Mais le demandeur de service devra t-il attendre indéfiniment ? L'autonomie des demandeurs leur donnent la possibilité de définir au préalable la durée d'attente qu'ils passeront devant un service. Ceci n'est pas très souvent dû à leurs propres volontés mais à des exigences externes. Un demandeur de service peut avoir plusieurs occupations, il faudrait éviter de perdre assez de temps dans l'exécution d'une tâche au détriment d'une autre. Ceci pourrait s'illustrer par un étudiant faisant la queue devant un restaurant universitaire à 12h30 or ce dernier doit assister à un cours à partir de 14h. En supposant que le restaurant ne dispose que d'un seul serveur (ressource critique), l'étudiant devra estimer, définir **la durée d'attente maximale** devant ce service. Si le temps d'attente est long, il pourrait arriver en retard ou manquer son cours. Que devra faire cet étudiant ?

Pour être candidat à un concours, un ensemble de documents sont exigés, ces documents se font certifier par les autorités administratives (ressource critique). Supposons que dans une file d'attente des candidats voulant certifier des documents figurent deux candidats. Le premier voulant certifier 50 documents et le deuxième un document. Nous gagnerons en servant le second candidat possédant un seul document et de faire attendre le premier de 50 documents. De prime à bord ceci semble injuste, mais peut-être bénéfique. Ferons nous attendre indéfiniment le candidat voulant certifier un seul document en faveur de celui désirant certifier 50 documents pour respecter l'ordre d'arrivée ? L'autorité administrative gagnera t-elle en traitant la file d'attente en fonction de leur **durée de service ?**

Les organisations possèdent en leur sein des réseaux locaux, ainsi ils ont la possibilité de partager l'utilisation de certains équipements. Parmi ces équipements, on peut citer l'imprimante. Supposons que l'organisation dispose de différents niveaux de privilèges. Ceci voudrait dire qu'il aurait une classe d'employés ayant des privilèges supérieurs aux autres. Donc toute demande émanant d'un poste possède une priorité (privilège). Imaginons un seul instant qu'un employé voulant imprimer un document de 6 pages avec un privilège de bas niveau et l'autre un document de 120 pages avec un privilège élevé. Nous gagnerons en servant en premier l' employé possédant un document de 6 pages et de faire attendre celui de 120 pages. Contre toute attente, ceci semble injuste mais peut être bénéfique. Ferons-nous attendre indéfiniment l'employé voulant imprimer 6 pages en faveur de celui désirant imprimer 120 pages pour respecter son niveau de privilège ? Aura t-on une utilisation efficiente de l'imprimante en traitant la file d'impression en fonction de leur **durée d'impression** et non de leurs privilèges ?

Ces trois illustrations font essentiellement ressortir les notions de **durée d'attente**, de **priorités** et de **durée de service** (durée d'exécution) des processus voulant la section critique.

Nous comptons ainsi faire une amélioration de l'algorithme PBCBT en intégrant la **priorité**, les notions de contraintes temporelles à savoir la **durée d'attente** et la **durée de traitement**.

3.2 Environnement des algorithmes

3.2.1 Fiabilité des communications

Nous supposons que les N machines de notre système distribué communiquent via un réseau fiable et sans crash par envoi de messages. Tout message émis par un site est reçu après un certain temps γ. Il n'existe pas d'horloge globale ni de mémoire commune. L'horloge physique des machines reste inchangée.

3.2.2 Topologie du logique du réseau

La topologie retenue est celle de l'algorithme PBCBT qui est un arbre binaire complet constitué de N machines indépendantes et autonomes. L'implémentation d'un tel arbre peut se faire comme sur la figure 3.1 de telle sorte que le nœud i ait pour fils les nœuds 2i et 2i+1.

3.2.3 Types de messages

Les types de messages qu'utilisera notre algorithme sont les suivants :

- **REQUEST** : permet à un site de demander l'accès à la ressource critique ;
- **REPLY** : permet à un site d'autoriser à un autre site d'entrer en section critique ;

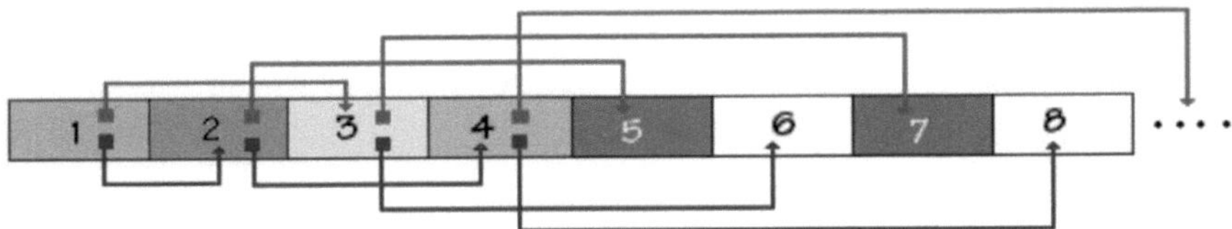

FIGURE 3.1: Passage du tableau à la structure en arbre

■ **EXIT** : permet à un site de libérer la section critique ;

3.2.4 Format d'un message

Le contenu des messages échangés dans le système est le suivant :

- **L'identifiant de l'expéditeur** : cette information permet de savoir qui a émis le message ;
- **L'identifiant du récepteur** : cette information permet de savoir à qui est destiné le message ;
- **Durée d'attente restante** : cette information permet de savoir la durée de temps après laquelle le message sera rejeté ;
- **Durée d'exécution** : cette information est une estimation du temps de traitement de notre demande par la ressource critique, elle est supposée vraie ;
- **L'objet du message** : il renseigne sur le type de message (**REQUEST**, **REPLY** et **EXIT**).

3.2.5 Informations tenues par un site

Chaque site i ($1 \leq i \leq N$) de notre système possède des variables qu'il met à jour. Elles sont les suivantes :

- **Flag** permet de savoir si le site est en section critique. Elle peut prendre la valeur 1 pour signifier qu'elle est en section critique et 0 dans le cas contraire.
- **Granted** informe si le site a autorisé un accès en section critique à un autre site. Elle est soit 1 pour "autorisé" et 0 pour "non autorisé".
- $\mathbf{Q}_c$ contient la liste de tout les sites ayant demandés au site i l'accès à la ressource critique.

La construction de notre arbre se fait de sorte que la distance entre la racine et chaque nœud soit connue. Chaque site i possède une variable $N_{i,r}$ qui représente le nombre de liens qui existe entre lui et le site racine r. Quand un nouveau nœud s_j s'ajoute à notre arbre, il demande à son père s_i sa valeur $N_{i,r}$ et l'incrémente de 1 pour obtenir sa valeur $N_{j,r}$. Par conséquent, le nœud racine a la valeur $N_{r,r} = 0$. Ainsi chaque nœud possède une variable permettant de savoir le nombre de liens intermédiaires séparant le nœud courant et le nœud racine.

Chaque site possède deux couches à savoir une couche réseau et une couche application. Ces deux couches communiquent par échange de message comme illustré à la figure 3.2. L'ensemble des requêtes émanent de la couche application, c'est la couche qui change d'état(Tranquil, Demandeur, DanSC). Elle est aussi le lieu où s'effectue les différents calculs. La couche réseau quant à elle permet de recevoir et de transmettre les messages à la couche réseau d'un autre nœud ou à la couche d'application du nœud courant.

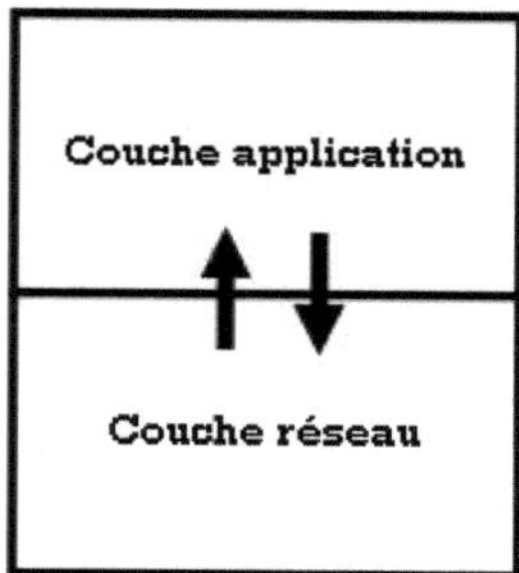

FIGURE 3.2: Architecture d'un site

3.3 Définition du critère d'évaluation des priorités dynamiques des requêtes

Dans la topologie en arbre binaire, chaque site possède une file d'attente de requêtes. Il est donc important de savoir à tout instant l'importance d'une requête par rapport aux autres requêtes de ladite file. L'algorithme PBCBT classait cette liste selon une politique FIFO. Cette politique ne prenait pas en compte la durée d'attente, la priorité et la durée d'exécution des processus. La durée d'attente, la priorité et la durée d'exécution représentent des paramètres importants de nos algorithmes. Ils sont en fait des contraintes temporelles. En effet, il est question pour nous de prendre en considération ces paramètres lors du choix de la requête à autoriser à entrer en SC dans une file locale d'un site de notre système distribué. Pour cela, il faudra en trouver une formule permettant de combiner tous ces paramètres pour en faire un seul. La théorie de l'utilité multi-attributs permet de passer d'un système multicritères à un système unicritère. A partir de la durée d'attente, la priorité et la durée d'exécution pris en entrée, nous obtenons une **valeur d'importance** ou en d'autres termes une **priorité dynamique** des processus. Cette valeur permettra de déterminer le processus le plus urgent d'une file pendante. La description des variables permettant d'élaborer cette formule fait l'objet de la section 3.3.1.

3.3.1 Les variables

Soient les paramètres suivants :

- p_i : Priorité du site initiateur du message envoyé ;
- h_i : Date d'émission du message envoyé ;
- d_{sc_i} : Date au plus tard de libération de la ressource critique (illustré à la figure 3.3) ;
- d_{scL_i} : Date locale de libération au plus tard ;
- $dateFinTimer$: Date locale de la racine de libération au plus tard de la SC ;
- d_{e_i} : Durée d'exécution de la requête (illustré à la figure 3.3) ;
- γ : Latence entre deux sites (supposée constante entre tout les sites) ;
- t : Date courante du site courant ;
- t_{2i} : Date au plus tard d'entrée en section critique (illustré à la figure 3.3) ;
- t_{1i} : Date au plus tard d'autorisation d'accès à la ressource critique (illustré à la figure 3.3) ;
- t_0 : Date de soumission de la requête ;
- $N_{i,r}$: Nombre de liens intermédiaires séparant le site initiateur de la requête et la racine de l'arbre (illustré à la figure 3.4) ;
- $N_{c,r}$: Nombre de liens intermédiaires séparant le site courant où se situe la requête et la racine de l'arbre (illustré à la figure 3.4) ;
- e : Durée de traitement d'une requête sur un site (supposée constante pour toutes les requêtes) ;
- s_i : Site demandeur ;
- s_c : Site courant ;
- s_p : Site parent du site courant ;
- s_r : Site récepteur d'une demande ;
- $root$: Site racine ;
- msg : Objet du message ;
- d_a : Durée d'attente de la requête ;

- *Message* : Tout message échangé ou stocké ;
- $V_{i,c}(t)$: Valeur V d'un site i ;
- Q_c : File locale du site .

3.3.2 La formule

Le critère d'importance V obtenu à partir de tous les paramètres ci-dessus est :

$$V_{i,c}(t) = \frac{t - h_i + 1}{d_{sc_i} - (d_{e_i} + (\gamma + e) \times (N_{i,r} + N_{c,r}) + e) - t} \times p_i \times \frac{1}{d_{e_i}} \tag{3.1}$$

avec $1 \leq i \leq N$ et $1 \leq j \leq N$

Pour un bon fonctionnement de notre algorithme on suppose que :
$\forall\, t\ ,\ d_{sc_i} - (d_{e_i} + (\gamma + e) \times (N_{i,r} + N_{c,r}) + e) - t \neq 0$
$\forall P_i\ ,\ d_{e_i} \neq 0$

$V_{i,c}(t)$ obtenu est la priorité du processus P_i dans une file de processus à un instant t. Cette priorité est une priorité **dynamique** et **temporelle**, car elle varie durant l'exécution de l'algorithme et cela dépend essentiellement du temps (temps d'attente).

La valeur $V_{i,c}(t)$ représente le critère d'admissibilité d'un processus dans la section critique à un instant donné. C'est-à-dire que $V_{i,c}(t)$ symbolise la possibilité pour un processus d'être en section critique. En d'autres termes, elle permet de déterminer l'urgence entre plusieurs processus. Plus $V_{i,c}(t)$ est grande, plus il est urgent que le processus p_i soit admis en section critique. Plus $V_{j,c}$ est petite, plus il est possible que le processus p_j attende avant d'être admis en section critique. Par conséquent, pour deux processus p_i et p_j, p_i est plus **prioritaire** que p_j voudrait dire que $V_{j,c} < V_{i,c}$.

La formule $V_i(t)$ se compose de plusieurs éléments, pour une meilleure compréhension, des commentaires sont prescrites.
Soit $A = h_i + 1$. Le paramètre A représente la date où le processus i a été émise. Ainsi, l'âge du processus i est la différence entre la date courante t du système et le paramètre A. Nous ajoutons 1 pour éviter d'avoir des requêtes ayant un âge 0. Ainsi toutes requêtes émises dans le système a au moins un an d'âge.

Soit $B = d_{sc_i} - (d_{e_i} + (\gamma + e) \times (N_{i,r} + N_{c,r}) + e) - t$. Le paramètre B représente la durée d'attente restante d'un processus dans $V_i(t)$. On représente $\frac{1}{B}$ dans $V_i(t)$ car plus notre durée d'attente est grande moins on est prioritaire. Donc, afin de servir le processus

le plus urgent, on pose $\frac{1}{B}$.
Illustrons cela par deux processus où le premier P_1 a une valeur $B_1 = 30min$ et pour le deuxième P_2 a une valeur $B_2 = 20min$. Dans ce cas, P_2 est plus urgent que P_1 or $B_1 > B_2$. En vue de privilégier les processus à courte durée d'attente on aura $\frac{1}{B_1} < \frac{1}{B_2}$.

Soit $C = p_i \times \frac{1}{d_{e_i}}$.

Le paramètre C représente la priorité statique de la requête, car elle ne varie pas avec le temps. En effet, elle est composée de p_i et $\frac{1}{d_{e_i}}$. A tout site du système, on associe une priorité fixe p_i. p_i représente la priorité du site initiateur de la requête, ceci est dû à son privilège par rapport aux autres sites du système. Pour une utilisation efficiente de la ressource dans $V_i(t)$, figure aussi le paramètre $\frac{1}{d_{e_i}}$. Ceci permet aux processus à courte durée d'exécution d'influencer fortement la priorité $V_i(t)$ par rapport aux processus à grande durée d'exécution.

La transmission des informations (date d'expiration de la demande, durée d'exécution,etc) se fait via des messages. Afin de faire circuler moins d'informations dans les messages, nous avons jugé qu'il serait judicieux de les regrouper. Après une observation de la formule $V_i(t)$, on constate que nous pouvons la scinder en trois blocs à savoir : $h_i + 1$, $d_{sc_i} - (d_{e_i} + (\gamma + e) \times (N_{i,r}) + N_{c,r})$ et $p_i \times \frac{1}{d_{e_i}}$. Appelons la première partie A, la deuxième B et la troisième C. Ainsi on a :

$$A = h_i + 1 \tag{3.2}$$

$$B = d_{sc_i} - (d_{e_i} + (\gamma + e) \times (N_{i,r} + N_{c,r}) + e) \tag{3.3}$$

$$C = p_i \times \frac{1}{d_{e_i}} \tag{3.4}$$

Ainsi, l'équation 3.1 se résume en :

$$C = \frac{t - A}{B - t} \times C \tag{3.5}$$

Nous constatons que les valeurs de C à savoir p_i et d_{e_i} ne changent pas avec le temps. En d'autres termes, peu importe le lieu où se trouve la requête elle reste inchangée.

La valeur B représente la durée qui sépare la date actuelle du site courant et la date au plus tard d'entrée en SC qui doit se situer entre t_{0i} et t_{2i} comme illustrée à la figure 3.3. Cette durée est calculée toutes les fois où on voudrait attribuer la SC à un processus de la file pendante d'un nœud.

La date d'échéance de la requête moins le temps de sa section critique et le temps réseau pour acheminer la requête entre le site initiateur de requête à la racine de l'arbre ne devrait pas dépasser la date au plus tard d'autorisation d'accès à la ressource critique t_{1i} (comme illustré à la figure 3.3). Ceci, dans le but d'éviter la non satisfaction de la requête dans les délais.

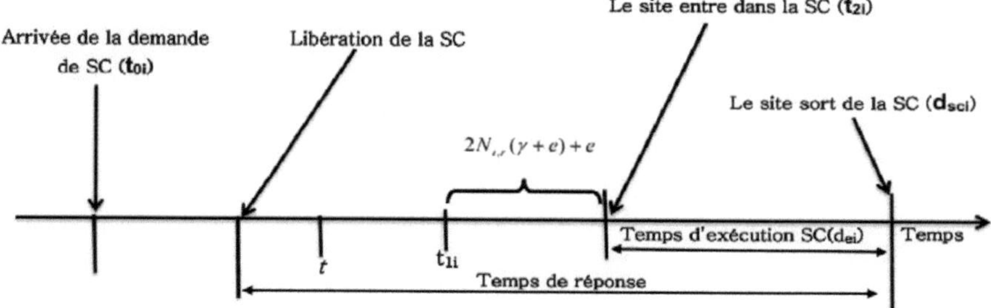

FIGURE 3.3: Description de l'urgence d'une requête

Il demeure un problème d'horloge car les sites sont géographiquement distincts et indépendants les uns des autres. Notre système est un système asynchrone. Pour résoudre ce problème, nous supposons que des mécanismes de synchronisation des sites sont déjà implémentés sur notre système distribué. Ces mécanismes de synchronisation permettent de passer d'un système asynchrone à un système synchrone, on peut citer les synchroniseurs de Awerbuch [Awe85] , Chou et *al.* [CCGZ90] et Tel et *al.* [TKZ94]. Ces mécanismes de synchronisation sont utilisés pour effectuer des simulations.

Dans un système purement asynchrone, nous devrions définir pour chaque requête une variable d_{scL_i}, qui est la date d'échéance locale enregistrer dans la file locale de requêtes. En d'autres termes ceci consiste à définir dans chaque message la durée d'attente restante (i.e. $B_i - t$) de la requête et une fois le message arrivé au nœud parent, stocker dans la variable d_{scL_i} défini comme étant la durée d'attente plus le délai de transition et le temps de traitement ajouté à la horloge physique du site $(\gamma + e)$.

3.4 L'algorithme PBDMEAQoS$_\alpha$

3.4.1 Description de l'algorithme

Lorsqu'un site s_i veut entrer en section critique, il définit sa date d'expiration (d_{sc_i} , **cette date doit toujours être supérieure à la date actuelle** t) et estime la

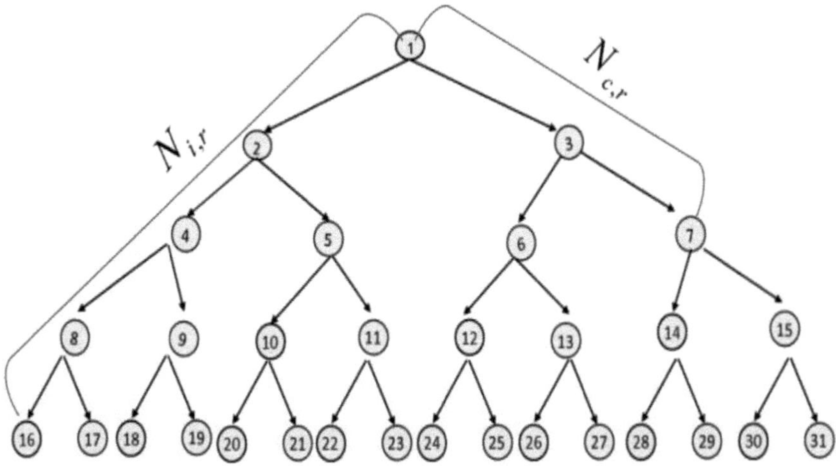

FIGURE 3.4: Chemin dans un arbre

durée d'exécution (d_{e_i}) en section critique. Il s'insère dans sa propre liste de requêtes un message de type **REQUEST** dont il est lui même l'émetteur. Ensuite, il envoie sa demande à son site parent s_p s'il n'est pas la racine de l'arbre (confère algorithme 6) via sa couche réseau.

A la réception d'un message **REQUEST** par le site courant s_c en provenant de sa couche application ou de la couche réseau de l'un de ses fils. On vérifie que la durée d'attente n'est pas encore atteinte (c'est-à-dire $t > B_i+(\gamma+e)$ pour les demandes émanant des sites fils), si c'est le cas on supprime ce message. Dans le cas contraire, le site courant s_c met à jour le paramètre B_i ($B_i = B_i + (\gamma + e)$) du message. Ensuite, il insère le message dans sa propre file de demandes. Ensuite, le site courant s_c transmet le message à son site parent s_p en se substituant à l'expéditeur. Dans le cas où le site courant est la racine de l'arbre (*ROOT*), on vérifie que la durée d'attente n'est pas terminée ($B_i + (\gamma + e) > t$), si c'est le cas on insère ce message dans la file locale. Sinon on le supprime du système. Si on n'a pas autorisé une entrée en SC (Granted == 0) on va chercher la requête la plus urgente de la file, ensuite on lui envoie un message d'autorisation(confère algorithme 8).

A la réception d'un message **REPLY** par un site s_c, si ce message **REPLY** lui appartient, il vérifie si la date d'échéance de sa demande n'est pas encore atteinte. Si c'est le cas, il met son **Flag** à 1 et entre en section critique. Dans le cas contraire, il va dans sa queue de demande Q_c, cherche la demande ayant la plus grande valeur $V_i(t)$ encore admissible en SC tout en retirant les demandes à dates d'échéances atteintes. Dès qu'il la trouve, il l'envoie un message **REPLY** et met sa variable **Granted** à 1(confère algorithme 8).

A la sortie de la section critique, le site supprime sa requête de sa propre file locale et met son **Flag** et **Granted** à 0. S'il est la racine, il envoie un message **EXIT** à lui-même ; sinon, il envoie un message **EXIT** à son site parent(confère algorithme 8).

A la réception d'un message **EXIT** par un site s_c, ce dernier met sa variable **Granted** à 0 et cherche le processus initiateur du message **EXIT** dans sa file pendante, le supprime s'il le trouve tout en retirant les demandes à dates d'échéances atteintes. Si le site s_c est le site racine, il s'envoie un message **REPLY** à lui-même si sa queue n'est pas vide. Si le site s_c n'est pas le site racine, il envoie un message **EXIT** à son site parent(confère algorithme 7).

La durée d'attente pour chaque demande est fixée à l'initiation de la requête. Si cette durée est nulle, la valeur $V_i(t)$ l'est également. Lorsque la date d'échéance est atteinte ($V_i(t) <= 0$), le message est tout simplement supprimé de la liste. Si ce message a été émis par le site courant, la couche application informe la couche réseau que le temps d'attente est arrivé à expiration pour cette requête.

La figure 3.5 présente les étapes de déroulement de l'algorithme.

3.4.2 Formalisation de l'algorithme

Lorsqu'un message **REQUEST** doit être transmis à un nœud parent, le nœud courant se substitue à l'expéditeur du message et le nœud parent devient le récepteur du message. Pour écrire notre algorithme, nous avons eu recours à certaines notations définies à la section 3.3.1.

Algorithm 5: Initialisation

```
Initialisation des variables;
Procédure init();
begin
    Flag ← 0;
    Granted ← 0;
    msg ← NIL;
    Qc ← ∅;
    Treatment_message() ;
```

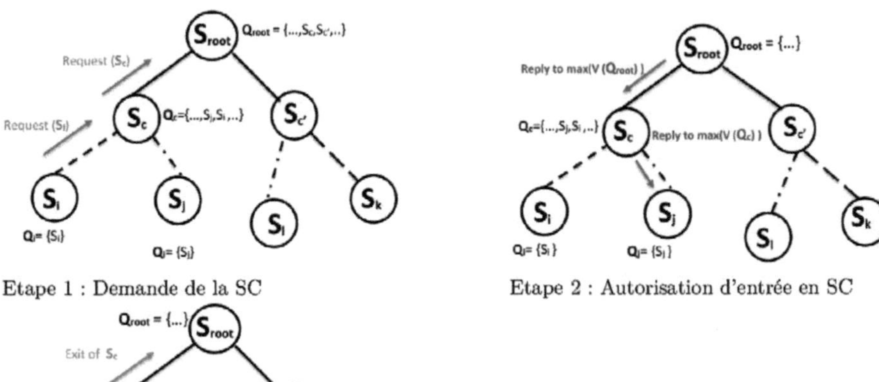

FIGURE 3.5: Étapes du déroulement de l'algorithme PBDMEAQoS$_\alpha$

Algorithm 6: Demande d'accès à la ressource critique

Demande d'entrée en section critique par un site S_i;
Procédure *Request_section()*;
begin
  define (d_{sc_i});
  define (d_{e_i});
  $A_i \quad h_i + 1$;
  $B_i \quad d_{sc_i} - (d_{e_i} + (\gamma + e) \times 2 \times N_{i,r} + e)$;
  $C_i \leftarrow p_i \times \frac{1}{d_{e_i}}$;
  calculate (V_i);
  if $V_i > 0$ **then**
    $msg_i \leftarrow$ **REQUEST**;
    if S_i != $ROOT$ **then**
      Send Message(id_i,A_i,B_i,C_i,h_i, msg_i) to S_p ;
    insertMessage (Message) in Q_c ;
  else
    notify rejection message

Algorithm 7: Sortie de la section critique

```
Sortie de la section critique par un site S_i;
Procédure Exit_section();
begin
    Flag ← 0;
    Granted ← 0;
    msg_i ← EXIT;
    repeat
        if (t > B_i) Or IdS_i == IdMessage_i then
            Remove Message_i from Q_c;
    until IdS_i == IdMessage_i;
    if S_c == ROOT then
        Send Message(id_i,h_i, msg_i) to ROOT ;
    else
        Send Message(id_i,h_i, msg_i) to S_p of S_c ;
    Treatment_message() ;
```

3.4.3 Preuves de l'algorithme

Pour qu'un algorithme d'exclusion mutuelle soit jugé correct, il doit satisfaire les propriétés de sûreté et de vivacité. Il est donc question pour nous de montrer dans cette partie que notre algorithme satisfait les propriétés sus-citées.

3.4.3.1 Vivacité

La vivacité permet d'éviter les situations de blocage et de famine des processus demandant l'accès à une ressource. Dans notre algorithme, nous définissons la durée d'attente des processus. Ceci, nous permet d'annuler le processus une fois cette durée d' attente dépassée et notifier un message de rejet à l'initiateur du processus. Le but principal est d'éviter un grand nombre de rejets. En plus de la durée d'attente, nous définissons également la durée d'exécution et la priorité du processus. Contrairement à l'algorithme PBCBT qui ne définissait pas la durée d'attente, la priorité et la durée d'exécution des processus, nous les définissons pour élire le processus le plus urgent du système à un instant t . Pour éviter le plus grand nombre de rejet, le processus le plus urgent est choisi en fonction de $V_i(t)$ (combinaison des paramètres durée d'attente, priorité et durée d'exécution). Ceci pour permettre à un grand nombre de demandes pendantes d'avoir une chance de s'exécuter et utiliser la ressource critique de façon efficiente.

Assertion 3.4.1. *L' algorithme ne permet pas une situation d'inter-blocage*

Algorithm 8: Traitement des messages

```
Traitement des messages par les sites du système ;
Procédure Treatment_message();
begin
    while Flag == 0 do
        Receive( Message) from S_i ;
        if (msg == REQUEST) then
            if ( S_c == ROOT) then
                if (B_i + (γ + e) > t) then
                    B_i ← B_i + (γ + e);
                    insertMessage(Message) ;
                else
                    Delete Message_i ;
                if (Granted == 0) then
                    Granted ← 1;
                    Message_k ← ResearchMax(Q_c) ;
                    msg_k ← REPLY ;
                    Send Message (id_k,h_k, msg_k) to S_k ;
            else
                if (t > B_i + (γ + e)) then
                    Delete Message_i ;
                else
                    B_i ← B_i + (γ + e);
                    insertMessage(Message) ;
                    Send Message(id_c,A_i,B_i,h_i, msg_i) to S_p ;
        if (msg == REPLY) then
            if (S_c == S_i) then
                Flag ← 1;
                Granted ← 1;
                Enter in Critical section;
            else
                if Q_c != ∅ then
                    Message_k ← ResearchMax(Q_c) ;
                    Granted ← 1;
                    Send msg REPLY to sender of S_k ;
        if (msg == EXIT) then
            Granted ← 0;
            /* with Message_k from Q_c                                   */
            repeat
                if (t > B_k) Or IdS_i == IdMessage_k then
                    Remove Message_k from Q_c;
            until IdS_i == IdMessage_k;
            if S_c == ROOT then
                if Q_c != ∅ then
                    Granted ← 1;
                    Send msg REPLY to ROOT ;
            else
                Send msg EXIT to S_p ;
```

Algorithm 9: Recherche de la demande la plus urgente d'une file

```
Recherche du processus le plus urgent dans la file locale d'un site S_i;
Fonction ResearchMax(Q_c) : Message ;
begin
    if Q_c == ∅ then
        return Null;
    else
        Message msgMax ← Q_c[0] ;
        VmsgMax calculate (V(msgMax));
        repeat
            if (t > B_k) then
                Remove Message_k from Q_c;
            V_k ← calculate (V(Message_k));
            if V_k > VmsgMax then
                msgMax    Message_k;
                VmsgMax    V_k;
            k++;
        until (Message_k == end of Q_c);
        Return msgMax ;
```

Des processus distribués sont dans une situation d'inter-blocage, si aucun processus n'est en section critique et aucune demande ne peut s'exécuter en section critique [RA81].
Preuve : Le fait de servir la requête la plus urgente d'une file pendante permet d'attribuer la ressource au moins à un processus. Une fois son exécution terminée, il doit le signaler (message EXIT) à l'ensemble du système. Le retrait des requêtes de la file locale d'un site une fois leur date d'échéance atteinte permet d'assurer une progression dans l'allocation de la ressource critique.

Ainsi, à un instant t, un processus i a une valeur de V_i d'une faible urgence :
A un instant $t + \Delta t$, un processus i aura une valeur de V_i d'une forte urgence ;
A un instant $t+(\Delta+1)t$, un processus i aura une valeur de V_i qui pourrait tendre vers zéro ou inférieur à zéro. Nous pouvons avoir dans une file deux processus i et j qui ont à un instant la même valeur de V ($V_i = V_j$). Cette situation ne peut survenir qu'à un instant donné. Car il existe un seul et unique t pour lequel $V_i = V_j$. Dans ce type de situation ($V_i = V_j$), si notre file ne possède que deux processus, s'il advient qu'un message d'autorisation d'entrée en SC arrive, nous choisirons de manière aléatoire un des deux processus i et j.

Ceci permet de garantir une constante évolution du système. D'où la vivacité de notre système.

Assertion 3.4.2. *La famine des processus est impossible*

La famine survient quand un processus attend indéfiniment d'entrer sa section critique pendant que d'autres processus entrent et sortent dans leurs sections critiques [RA81].

Preuve : Dans notre cas de figure, un processus ne peut attendre que le temps qu'il a préalablement défini. Prenons deux processus i et j.
A un instant t si $V_i > V_j$ si i s'exécute en SC à cet instant.
Une fois que le processus i sera sorti de la SC. Il ne peut s'exécuter une deuxième fois qu'après j. Car le processus i pour émettre encore une requête, il faudrait qu'il signale sa sortie (message REPLY) et qu'il parcourt tout les liens intermédiaires qui le sépare du nœud actuel à savoir $(\gamma + e)N_{i,r}$ cela se faisant pendant une certaine durée Δt. Ainsi, à un instant $t + \Delta t$, V_j sera forcément plus urgent car V_i change avec le temps. Ainsi, si le processus i voudrait entrer une deuxième fois en SC le processus V_j serait supérieur ou égale à V_i, donc forcément $V_j \geq V_i$. Ceci permet d'éviter des situations de famine.

Cependant, une émission répétitive de plusieurs demandes avec de faibles paramètres à un seul nœud proche de la racine pourrait entraîner la famine d'un processus figurant dans la file pendante de ce nœud.

3.4.3.2 Sûreté

Elle consiste à s'assurer que la ressource critique à un moment n'est utilisé que par un et un seul processus. En effet, initialement aucun processus n'a accès à la ressource critique. L'entrée en section critique par un site n'est possible qu'après l'autorisation de tous ses sites parents depuis le site racine. Ainsi, le site racine ne peut autoriser une entrée en section critique que s'il a reçu un message **EXIT**, signifiant la libération de la ressource critique. Nous en déduisons que notre algorithme ne peut admettre au plus un seul processus en section critique à un instant donné. Notre algorithme vérifie ainsi le critère de sûreté.

Assertion 3.4.3. *L' algorithme assure l'exclusion mutuelle*

Preuve : Notre topologie étant un arbre binaire complet, seul le nœud racine peut avoir connaissance de tout l'état du système. Or, il ne peut donner son autorisation (message REPLY) qu'à un seul de ses fils.

3.4.3.3 Ordonnancement

Il est question ici d'évaluer l'amélioration de l'ordre dans lequel les autorisations d'accès en section critique seront octroyés.

V_i étant la combinaison de plusieurs paramètres, elle prend ainsi en compte plusieurs critères (durée d'attente, priorité et durée d'exécution).

Ainsi, il faut d'abord noter que chaque nœud voulant accéder en section critique doit s'insérer dans sa propre file d'attente de requêtes, ce qui supprime tout injustice d'ordonnancement au niveau local.

L'ordonnancement prendra ainsi en compte la qualité du service. Le but étant de satisfaire le maximum de demande avant expiration ($V = 0$). C'est pour cette raison que lors de la réception de l'autorisation en SC seul la requête la plus urgente à l'instant t sera servie.

Cette politique mise sur pied permet de satisfaire le plus grand nombre de demandes possibles, tout en évitant le plus grand nombre de rejet.

3.4.4 Analyse des performances de l'algorithme

3.4.4.1 Délai de synchronisation

Il est question ici de déterminer le nombre de messages entre la sortie de la section critique par un processus et l'entrée de l'autre. A la fin de son exécution, un processus doit envoyer un message **EXIT** au site racine au pire des cas cela coûtera $log_2(N)$ messages. Ensuite, il faudra au pire des cas $log_2(N)$ messages **REPLY** depuis le site racine pour autoriser l'entrée en section critique au prochain processus. Ainsi, nous comptons un délai de synchronisation de $2log_2(N)$ au pire des cas.

3.4.4.2 Bande passante

Il s' agit ici d'évaluer le nombre de messages échangés pour entrer en section critique dans un ensemble de N sites au total.

Comme l'algorithme précédent, il faut pour qu'une demande parvienne jusqu'au site racine, au pire des cas il faut $log_2(N)$ messages. Cela représente la taille moyenne de l'arbre binaire complet de taille N. Pour entrer en section critique, un processus doit envoyer au pire des cas $log_2(N)$ messages **REQUEST**, $log_2(N)$ messages **REPLY** et

$log_2(N)$ messages **EXIT**. Ceci fait qu'au pire des cas un total de $3log_2(N)$ messages par accès à la ressource critique.

Cependant dans notre algorithme, une demande peut être annulée ($V = 0$) en chemin vers la racine, si son temps de réponse escompté est atteint. Le pire des cas correspond au fait qu'une requête quitte d'un nœud feuille jusqu'à la racine, et au niveau de la racine elle atteint sa date d'échéance. Cela correspond à $log_2(N)$ messages **REQUEST**. Cependant ceci permettra de libérer la bande passante des messages à durée d'attente terminée ($V = 0$), donner la voie aux messages prioritaires.

3.4.4.3 Coût de traitement des files

Il s'agit ici d'évaluer la complexité des traitements effectués sur les files pendantes.

A la réception d'un message **REPLY** par un site, on doit parcourir toute la file pendante pour rechercher la demande la plus prioritaire. Ceci a une complexité de l'ordre de $\Theta(n)$ pour une file à n éléments.

A la réception d'un message **EXIT**, le nœud courant doit aller dans sa file locale et retirer le processus ayant envoyé le message si ce dernier existe encore dans la file. Le pire des cas serait que lors de la recherche du processus émetteur du message **EXIT**, ne figure pas dans la file ou que ce dernier soit à la fin de la file. Dans ce pire des cas, la complexité de ce traitement est de l'ordre de $\Theta(n)$.

3.5 L'algorithme PBDMEAQoS$_\beta$

3.5.1 Description de l'algorithme

Dans cet algorithme, l'octroi d'autorisation en entrée en SC se fait de manière automatique. Ceci se fait grâce à un minuteur au niveau de la racine. Ce minuteur permet donc de savoir à quel instant on devra envoyer une autorisation.

Lorsqu'un site s_i veut entrer en section critique, il définit sa date d'expiration (d_{sc_i} , **cette date doit toujours être supérieure à la date actuelle** t) et estime la durée d'exécution (d_{e_i}) en section critique. Il s'insère dans sa propre liste de requêtes un message de type **REQUEST** dont il est lui même l'émetteur. Ensuite, il envoie sa demande à son site parent s_p s'il n'est pas la racine de l'arbre (confère algorithme 11) via sa couche réseau.

A la réception d'un message **REQUEST** par le site courant s_c en provenant de sa couche application ou de la couche réseau de l'un de ses fils. On vérifie que la durée d'attente n'est pas encore atteinte (c'est-à-dire $t > B_i + (\gamma + e)$), si c'est le cas on supprime ce message. Dans le cas contraire, le site courant s_c met à jour le paramètre B_i ($B_i = B_i + (\gamma + e)$) du message. Ensuite, il insère le message dans sa propre file de demandes. Le site courant s_c transmet le message à son site parent s_p en se substituant à l'expéditeur(confère algorithme 13) .

Dans cet algorithme, la racine de l'arbre a un fonctionnement différent des autres nœuds. A la réception d'un message **REQUEST** par la racine on vérifie que la durée d'attente n'est pas terminée ($B_i + (\gamma + e) > t$), si c'est le cas on insère ce message dans la file locale. Sinon on le supprime du système. Initialement on attribue la SC à la première demande et définit la date de fin d'exécution du processus en SC ($dateFinTimer$). Cette date est l' addition entre la date courante et la durée de parcours du nombre de liens intermédiaire entre la racine et le nœud (nœud devant s'exécuter) plus la durée d'exécution du processus. La prochaine autorisation d'entrée en SC ne se fera automatiquement qu'une fois cette date atteinte ou dépassée. Une fois $dateFinTimer$ atteinte, la racine va dans sa file locale cherche la requête la plus urgente et définit la variable $dateFinTimer$. Ensuite, elle parcourt la file retire toutes requêtes ne pouvant pas survivre jusqu'à la prochaine autorisation en SC (confère algorithme 12).

A la réception d'un message **REPLY** par un site s_c, si ce message **REPLY** lui appartient. Si c'est le cas, il met son **Flag** à 1 et entre en section critique. Dans le cas contraire, il va dans sa queue de demande Q_c, retirer de sa file le processus initiateur du message **REPLY** reçu, ceci tout en retirant les demandes à dates d'échéances atteintes. Dès qu'il retire le processus, il l'envoie un message **REPLY**(confère algorithme 13).

La durée d'attente pour chaque demande est fixée à l'initiation de la requête. Si cette durée est nulle, la valeur $V_i(t)$ l'est également. Lorsque la date d'échéance est atteinte ($V_i(t) <= 0$), le message est tout simplement supprimé de la liste. Si ce message a été émis par le site courant, la couche application informe la couche réseau que le temps d'attente est arrivé à expiration pour cette requête.

La figure 3.6 présente les étapes de déroulement de l'algorithme.

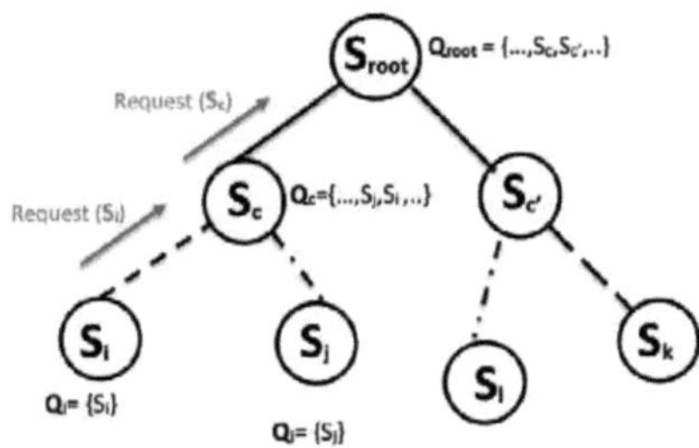

Etape 1 : Demande de la SC

Etape 2 : Autorisation d'entrée en SC

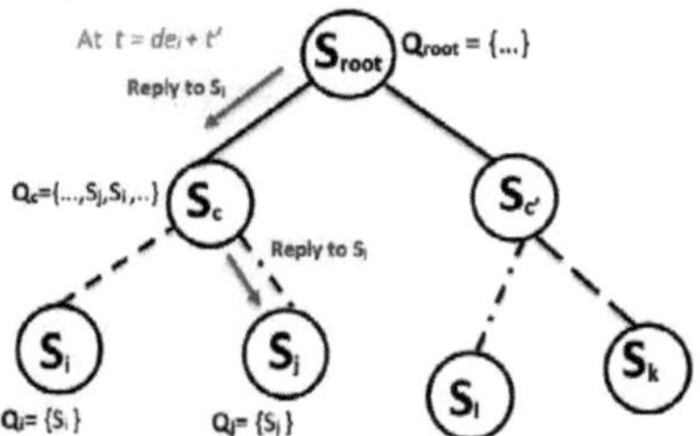

Etape 3 : Autorisation automatique d'entrée en SC par la racine

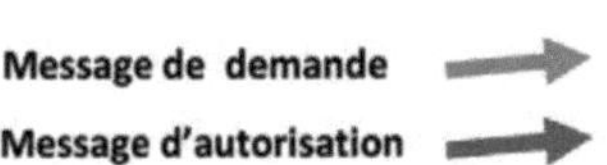

FIGURE 3.6: Étapes du déroulement de l'algorithme PBDMEAQoS$_\beta$

3.5.2 Formalisation de l'algorithme

Lorsqu'un message **REQUEST** doit être transmis à un nœud parent, le nœud courant se substitue à l'expéditeur du message et le nœud parent devient le récepteur du message. Pour écrire notre algorithme, nous avons eu recours à certaines notations définies à la section 3.3.1.

Algorithm 10: Initialisation

```
Initialisation des variables;
Procédure init();
begin
    Flag ← 0;
    Granted ← 0;
    dateFinTimer ← 0 ;
    /* code s'exécutant uniquement à l'initialisation de la racine */
    msg ← NIL;
    Qc ← ∅;
    Treatment_message() ;
```

Algorithm 11: Demande d'accès à la ressource critique

Demande d'entrée en section critique par un site S_i;
Procédure *Request_section()*;
begin
  define (d_{sc_i});
  define (d_{e_i});
  $A_i \quad h_i + 1$;
  $B_i \quad d_{sc_i} - (d_{e_i} + (\gamma + e) \times 2 \times N_{i,r} + e)$;
  $C_i \leftarrow p_i \times \frac{1}{d_{e_i}}$;
  calculate (V);
  if $V_i > 0$ **then**
    $msg_i \leftarrow$ **REQUEST**;
    if S_i != $ROOT$ **then**
      Send Message(id_i,A_i,B_i,C_i,d_{e_i},$N_{i,r}$, msg_i) to S_p ;
    insertMessage (Message) in Q_c ;
  else
    notify rejection message

3.5.3 Preuves de l'algorithme

3.5.3.1 Vivacité

Le fait que la racine soit le seul nœud à attribuer la SC de manière périodique permet d'assurer la vivacité du système.

Assertion 3.5.1. *L' algorithme ne permet pas une situation d'inter-blocage*

Ainsi, à t, un processus i est soit servi si la SC vient de se libérer. Soit retirer de la file car sa date d'échéance a été atteinte ou cette dernière ne peut attendre que le fin de l'exécution du processus à qui on vient d'attribuer la SC. Ceci permet de garantir une constante évolution du système. D'où la vivacité de notre système.

Assertion 3.5.2. *La famine des processus est impossible*

La famine survient quand un processus attend indéfiniment d'entrer en section critique pendant que d'autres processus entrent et sortent de leurs sections critiques [RA81].

Preuve : Dans notre cas de figure, un processus ne peut attendre que le temps qu'il a préalablement défini. Prenons deux processus i et j.

Algorithm 12: Traitement des requêtes à la racine de l'arbre

Traitement des requêtes par la racine de l'arbre ;
Procédure *TreatmentAtThRootNode()*;
begin
    Receive(Message) **from** S_i ;
    if $(B_i + (\gamma + e) > t)$ **then**
        $B_i \leftarrow B_i + (\gamma + e)$;
        insertMessage(Message) ;
    else
        Delete $Message_i$;
    /* code s'exécutant automatiquement */
    if $(dateFinTimer < 0$ ***Or*** $dateFinTimer <= t)$ **then**
        $Message_k \leftarrow$ *ResearchMax(Q_c)* ;
        /* Pour la fonction *ResearchMax* confère algorithme 9 */
        $dateFinTimer \leftarrow N_{k,r} \times (\gamma + e) + d_{e_k}$;
        Granted $\leftarrow$ 1;
        Send msg **REPLY** to sender of S_k ;
        repeat
            if $(dateFinTimer > B_k)$ **then**
                Remove $Message_k$ from Q_c;
        until $Q_c == end\ of\ Q_c$;

Algorithm 13: Traitement des messages

```
Traitement des messages par les sites du système ;
Procédure Treatment_message();
begin
    while Flag == 0 do
        if (msg == REQUEST) then
            if (t > B_i + (γ + e)) then
                Delete Message_i ;
            else
                B_i ← B_i + (γ + e);
                insertMessage(Message) ;
                Send Message(id_c,A_i,B_i,h_i, msg_i) to S_p ;
        if (msg == REPLY) then
            if (S_c == S_i) and ( B_i > t) then
                Flag ← 1;
                Remove S_i from Q_c;
                Enter in Critical section;
            else
                if Q_c != ∅ then
                    repeat
                        if (t > B_i) Or IdS_i == IdMessage_i then
                            Remove Message_i from Q_c;
                    until IdS_i == IdMessage_i;
                    Granted ← 1;
                    Send msg REPLY to sender of S_i ;
```

A un instant t si $V_i > V_j$ si i s'exécute en SC à cet instant.

Une fois que le processus i sera sorti de la SC. Il ne peut s'exécuter une deuxième fois qu'après j. Car le processus i pour émettre encore une requête, il faudrait qu'il signale sa sortie (message REPLY) et qu'il parcourt tout les liens intermédiaires qui le sépare du nœud actuel à savoir $(\gamma + e)N_{i,r}$ cela se faisant pendant une certaine durée Δt. Ainsi, à un instant $t + \Delta t$, V_j sera forcément plus urgent car V_i change avec le temps. Ainsi, si le processus i voudrait entrer une deuxième fois en SC, le processus V_j serait supérieur ou égale à V_i, donc forcément $V_j \geq V_i$. Ceci permet d'éviter des situations de famine.

Cependant, une émission répétitive de plusieurs demandes avec de faibles paramètres à un seul nœud proche de la racine pourrait entraîner la famine d'un processus figurant dans la file pendante de ce nœud.

3.5.3.2 Sûreté

Elle consiste à s'assurer que la ressource critique à un moment n'est utilisé que par un et un seul processus. En effet, initialement aucun processus n'a accès à la ressource critique. L'entrée en section critique par un site n'est possible qu'après l'autorisation du site racine. Ainsi, le site racine ne peut autoriser une entrée en section critique que si la libération de la ressource critique est effective ($dateFinTimer <= t$). Nous en déduisons que notre algorithme ne peut admettre au plus un seul processus en section critique à un instant donné. Notre algorithme vérifie ainsi le critère de sûreté.

Assertion 3.5.3. *L' algorithme assure l'exclusion mutuelle*

Preuve : Notre topologie étant un arbre binaire complet, seul le nœud racine peut avoir connaissance de tout l'état du système. Or, il ne peut donner son autorisation qu'à un seul de ses fils.

3.5.3.3 Ordonnancement

L'ordonnancement de cet algorithme est similaire à celui de PBDMEAQoS$_\alpha$.

3.5.4 Analyse des performances de l'algorithme

3.5.4.1 Délai de synchronisation

A la fin de de l'exécution d'un processus en SC, un autre processus est autorisé de manière automatique par la racine de l'arbre. Ainsi, il faudra au pire des cas $log_2(N)$ messages pour l'entrée effective du processus en SC. Ainsi, nous comptons un délai de synchronisation de $log_2(N)$ au pire des cas.

3.5.4.2 Bande passante

Il s' agit ici d'évaluer le nombre de messages échangés pour entrer en section critique dans un ensemble de N sites au total.

Comme l'algorithme précédent, il faut pour qu'une demande parvienne jusqu'au site racine, au pire des cas il faut $log_2(N)$ messages. Cela représente la taille moyenne de l'arbre binaire complet de taille N. Pour entrer en section critique, un processus doit envoyer au pire des cas $log_2(N)$ messages **REQUEST** et $log_2(N)$ messages **REPLY**. Ceci fait qu'au pire des cas un total de $2log_2(N)$ messages par accès à la ressource critique.

Cependant dans notre algorithme, une demande peut être annulée ($V = 0$) en chemin vers la racine, si son temps de réponse escompté est atteint. Le pire des cas correspond au fait qu'une requête quitte d'un nœud feuille jusqu'à la racine, et au niveau de la racine elle atteint sa date d'échéance. Cela correspond à $log_2(N)$ messages **REQUEST**. Cependant ceci permettra de libérer la bande passante des messages à durée d'attente terminée ($V = 0$), donner la voie aux messages prioritaires.

3.5.4.3 Coût de traitement des files

Il s'agit ici d'évaluer la complexité des traitements effectués sur les files pendantes.

A la réception d'un message **REPLY**, on doit parcourir toute la file pendante pour retirer le processus initiateur du message **REPLY** reçu, ceci tout en retirant les demandes à dates d'échéances atteintes. Dans ce pire des cas la complexité de ce traitement est de l'ordre de $\Theta(n)$.

A la fin de l'exécution d'un processus en SC, la racine doit rechercher le processus le plus urgent de sa file. Ceci a une complexité de l'ordre de $\Theta(n)$ pour une file à n éléments.

3.6 Comparaison entre l'algorithme PBDMEAQoS$_\alpha$ et PBDMEAQoS$_\beta$

En plus des comparaisons faites dans le tableau 3.1, le coût de traitement permet de distinguer les deux algorithmes. L'algorithme PBDMEAQoS$_\alpha$ et l'algorithme PBDMEAQoS$_\beta$ diffèrent par le fait que dans l'algorithme PBDMEAQoS$_\beta$ seul la racine de l'arbre effectue la recherche du plus grand élément de sa file locale. Ce qui permet de dire que l'algorithme PBDMEAQoS$_\beta$ a un faible coût de traitement par rapport à l'algorithme PBDMEAQoS$_\alpha$.

De manière superficielle nous pouvons dire que l'algorithme PBDMEAQoS$_\beta$ est meilleure par rapport à l'algorithme PBDMEAQoS$_\alpha$. Cependant, il est important de remarquer que bien que l'algorithme PBDMEAQoS$_\beta$ ait de bonnes performances, Il est plus indiqué lorsque l'on veut un algorithme avec une utilisation efficiente de la ressource critique. L'algorithme PBDMEAQoS$_\alpha$ est mieux adapté lorsque l'on voudrait privilégier les processus à fortes priorités dynamiques (selon V).

Tableau 3.1: Comparaison entre l'algorithme PBDMEAQoS$_\alpha$ et PBDMEAQoS$_\beta$

	PBDMEAQoS$_\alpha$	PBDMEAQoS$_\beta$
Bande passante	$3log_2(N)$	$2log_2(N)$
Délai de synchronisation	$2log_2(N)$	$log_2(N)$

3.7 Analyse mathématique de l'algorithme PBDMEAQoS$_\alpha$ et PBDMEAQoS$_\beta$

Il est question pour nous dans cette partie d'étudier la probabilité pour qu'un message soit rejeté. Nous nous intéressons plus au rejet des processus car c'est l'aspect le plus important de nos deux algorithmes. Pour nos explications, nous aurons recours aux notations définies dans la section 3.3.1.

Dans une file locale d'un nœud on peut y trouver aucune demande, deux demandes ou plus de deux demandes. Dans la cas où la file est vide aucun rejet n'est possible.
Dans le cas où on aurait deux demandes dans la file d'importance égale. On choisit de manière randomisée l'une des deux.

Dans le cas où nous disposons de deux ou plusieurs demandes de différentes importances. Supposons qu'on y retrouve n demande(s) ($Message_1$,$Message_2$, ... ,$Message_n$). Nous aimerons savoir la probabilité pour qu'une demande soit rejetée dans un intervalle de temps de référence. Si nous supposons qu'une demande de la file soit déjà choisie dans la file pour entrer en SC. Il restera donc $n-1$ demandes. Il est donc question pour nous de déterminer la probabilité avec laquelle chaque demande parmi les $n-1$ demandes restantes sera rejetée.

En omettant les dates d'échéances, il est possible d'ordonner les entrés en SC. La connaissance de cette classification par date d'échéance d'un processus donnée i de la file et des paramètres temporelles (parcours restant du nœud autorisé en SC, temps d'exécution, signalisation la sortie de la SC) de ceux le précédent dans la file permet de déterminer s'il sera rejeté ou pas.

Soit une file à n demandes. Supposons que les demandes sont rangées de façon croissante par dates d'échéances. Nous avons les événements suivants :

- A : Rejet d'une demande de la file ;
- B_j : Demande B est à la position j de la file ;
- Ω_n : Existence de n processus dans la file.

La probabilité de rejet d'une demande dans la file est la suivante :

$$P(A) = \sum_{i=2}^{\infty}\sum_{j=2}^{n} P(A|B_j \cap \Omega_n)P(B_j|\Omega_n)P(\Omega_n)$$

$$P(A) = \sum_{i=2}^{\infty}\sum_{j=2}^{n} P(d_{sc_j} < (\sum_{k=1}^{j-1} d_{e_k}) + (N_{c,k} + N_{k,r}) \times (\gamma + e) + e))P(B_j|\Omega_n)P(\Omega_n)$$

• $P(A|B_j \cap \Omega_n)$ représente la probabilité de rejet d'une demande de la file sachant qu'elle est à la position j dans une file à n demandes ;

• $P(B_j|\Omega_n)$ représente la probabilité de se trouver à la position j sachant qu'on est dans une file à n demandes ;

• $P(\Omega_n)$ représente la probabilité d'avoir n demandes dans la file ;

$P(\Omega_n)$ peut représente un taux d'arrivée pouvant suivre la loi de poisson et $P(B_j|\Omega_n)$ pourrait suivre une loi uniforme.

Conclusion

Dans ce chapitre nous avons proposé deux algorithmes d'exclusion mutuelle à permission intégrant des contraintes temporelles. Les contraintes considérées ici sont la priorité, la durée d'exécution en SC et la date d'échéance de chaque requête. Des preuves de ces algorithmes ont été proposées et il en ressort que nos algorithmes satisfont toutes les propriétés d'un algorithme d'exclusion mutuelle classique.

Cependant, l'appréciation de certaines performances tel que le temps de réponse soit par une analyse mathématique soit par une simulation informatique. Ainsi, dans le prochain chapitre, il sera question pour nous de faire une simulation de l'un des deux algorithmes (PBDMEAQoS$_\alpha$) dans le but de s'assurer qu'il est implémentable.

CHAPITRE 4

Implémentation et simulation de l'algorithme

Au sein du chapitre précédent, nous avons proposé un algorithme qui représente une amélioration de l'algorithme PBCBT avec une prise en compte de la qualité de service. Nous proposons dans ce chapitre une implémentation de cet algorithme avec la plateforme OMNeT++ 4.6 qui est un simulateur à évènement discret. Cet implémentation nous permettra d'apprécier le comportement de notre algorithme (algorithme PBDMEAQoS$_{\alpha}$). Cet implémentation se fera non pas dans le but d'en faire des analyses, mais de s'assurer qu'il peut être implémenter afin de le simuler et de pouvoir visualiser son exécution. Mais avant de présenter la plateforme de simulation et l'implémentation de l'algorithme nous commencerons par définir la **simulation** et comprendre pourquoi on simule.

4.1 Simulation

Pourquoi simuler

Une des étapes cruciale pendant la conception des algorithmes ou des protocoles de communication est l'estimation de la performance , la compréhension et la visualisation du micro et macro comportement du système et ses composants. Typiquement ceci peut se faire en appliquant trois méthodologies à savoir :

- Expérience avec un système réel et des prototypes ;
- Analyse mathématique ;
- Simulation informatique.

En recherche, l'analyse mathématique et la simulation informatique sont les deux méthodologies les plus utilisées pour vérifier la pertinence des résultats obtenus. Ceci est dû à la non faisabilité de certains système et aux coûts et contraintes techniques de certains équipements. La simulation informatique est utilisée pour des systèmes dynamiques et dans le cas où certaines propriétés ne peuvent pas être facilement perçues avec des analyses mathématiques. Très souvent, l'analyse mathématique montre le comportement des systèmes avec une certaine limite ou alors offre beaucoup ou peu de limites à des domaines de recherches bien spécifiques. Cependant, la simulation informatique offre aux chercheurs et aux scientifiques un environnement contrôlable dans lequel un système peut faire l'objet d'une étude plus profonde et bien détaillée. Ainsi la **simulation informatique** est une puissante et polyvalente méthodologie pour analyser et visualiser le comportement et la performance des systèmes de communication et réseaux [JMK10]. Une fois l'importance de la simulation informatique définie, qu'est ce que la simulation ? Elle fera l'objet de notre prochaine partie.

Définition

La **simulation** est l'action de simuler. Simuler signifie faire apparaître comme réel ce qui ne l'est pas. Simuler en d'autre termes, veut dire faire semblant, imiter, reproduire. Une **simulation** est le fait d'imiter sur un support informatique un phénomène physique, ce qui est possible à l'aide d'un simulateur, qui est un dispositif technique permettant de reproduire de façon virtuelle une situation. Il peut donc présenter sous des conditions contrôlables et observables l'évolution d'un algorithme dans le système. La **simulation informatique** consistera donc à simuler via un logiciel informatique. Faute de plateforme réelle, la simulation reste un meilleur moyen d'imiter, de reproduire un système distribué.

Le but principal de la simulation est de reproduire par logiciel un système physique. Ainsi nous pourrons entreprendre une étude statistique sur ce système. Par ces expériences, nous pourrons évaluer la performance de notre système cible comme si on menait des expériences sur des systèmes réels [Che15]. Nous pouvons par exemple évaluer la qualité de service de notre système en fonction du niveau de trafic sur notre système. La simulation informatique permet de traiter le monde réel ou de faire une imitation du processus réel. La simulation informatique est actuellement appliquée à plusieurs domaines et il existe également plusieurs techniques de simulation, comme la *simulation à temps continu* , la *simulation à événement discret*, la *simulation Monte Carlo*, etc.

Techniques de simulation

D'après [Che15] , on distingue deux familles de techniques de simulations à savoir les simulations à temps continu et les simulations à événement discret.

Simulation à temps continu

Elle étudie l'évolution dynamique d'un système qui est décrite par des paramètres ayant des valeurs continues. En effet, ce n'est pas possible avec les technologiques informatiques de suivre à la trace l'évolution de ces paramètres de manière continue. A la place l'évolution ici est représentée par de petites étapes successives. Nous pouvons citer comme exemple la simulation du dommage causé sur la structure d'une voiture suite à sa collision contre un mur[Che15].

Simulation à événement discret

C'est une simulation idéale pour les systèmes dont leur évolution se fait de manière ponctuelle sur un ensemble d'instants consécutifs où surviennent certains événements. La simulation à événements discrets permet de modéliser un système réel dont le comportement peut changer avec l'apparition d'événements au cours du temps. Par conséquent, dans une simulation à événements discrets, et contrairement à la simulation continue (à temps continu), le temps évolue de manière discrète en fonction de l'occurrence des événements. Chaque événement mène à une évolution de l'état du système, l'évolution est ainsi conduite par les événements. La propriété clé de la simulation à événement discret est que l'état du modèle de simulation ne peut seulement changer qu'à des points discrets qui se réfèrent comme étant des *événements*[JMK10]. Les raisons derrière le succès des simulateurs à événement discret dans la simulation des réseaux informatiques sont que d'une part les paradigmes de simulation s'adaptent parfaitement avec les systèmes considérés et d'autre part, les simulations basées sur les événements discrets sont faciles à appliqués[JMK10]. Comme simulateur de système à événements discrets on peut citer **OMNeT++** qui fera l'objet d'étude de la prochaine partie.

4.2 Plateforme de simulation OMNeT++

Introduction à OMNeT++

OMNeT++ est un simulateur d'évènement discret basé sur le langage C++, destiné principalement à simuler les protocoles réseaux et les systèmes distribués. Il est totalement extensible, multi-plateforme (Windows, Linux, Max Os X, etc), flexible, programmable, paramétrable et modulaire. Il offre une interface graphique, une bibliothèque assez fournie pour la simulation de n'importe quel système discret. Avec de nombreux modules prédéfinis pour les réseaux informatiques et plus particulièrement pour les technologies internet comme les réseaux sans fil, les réseaux de capteurs, il est un simulateur idéale pour les réseaux informatiques[Che15]. OMNeT++ n'offre pas des modèles de simulation prêts-à-utiliser. Il donne cependant, un environnement puissant alimenté de tous les outils nécessaires allant du noyau de simulation, les bibliothèques, les éditeurs graphiques et les outils d'analyse permettant de créer ces composants de simulation. Il est important aussi de noter qu'OMNeT++ est un logiciel libre , il dispose d'une licence publique à des fins académiques. C'est donc une application open source développée par Andràs Varga, chercheur à l'université de Budapest. Le simulateur est accessible à l'adresse https ://omnetpp.org/. Sa vocation première est de créer un outil fiable et compétitif aux simulateurs spécialisés, orientés-recherche tels que NS-2 et aussi au simulateur commercial OPNET dont la licence est très onéreuse. Cependant, il existe également une version commerciale de OMNeT++ qui s'appelle **OMNEST**.

Pour Andràs Varga dans [And01], OMNeT++ a été conçu pour les raisons suivantes :

- Permettre une large simulation, la simulation des modèles ayant besoin d'être hiérarchisés et de produire des composants réutilisables autant que possible ;
- Le logiciel de simulation devrait être lui-même modulaire, personnalisable et devrait permettre la construction des modèles de simulation de grandes applications ;
- L'interface des résultats des simulations devrait être accessible (ouvert), il devrait permettre autant que possible de traiter et de générer des fichiers d'entrées ou de sorties avec des outils logiciels généralement disponibles.

Architecture d'OMNeT++

Le fonctionnement de OMNeT++ repose entièrement sur l'utilisation de modules qui communiquent entre eux par le biais de messages. L'architecture d'OMNeT++ est hiérarchique composé de modules. Un module peut être soit simple ou composé comme présenté à la figure 4.1. Les feuilles de cette architecture sont les modules simples qui représentent les classes C++. Pour chaque module simple correspond un fichier .cc et un fichier .h. Un module composé est constitué de simples modules ou d'autres modules composés connectés entre eux. Les sous modules et les ports de chaque module sont spécifiés dans un fichier .ned. La communication entre les différents modules se fait à travers les échanges de messages via un canal prédéfini dans le fichier .ned. Les messages peuvent représenter des paquets, des trames d'un réseau informatique, des clients dans une file d'attente ou bien d'autres types d'éléments en attente d'un service. Les messages sont envoyés et reçus à travers des ports (connus en OMNeT++ sous le nom gates) qui représentent les interfaces d'entrée et de sortie pour chaque module. La conception d'un réseau se fait dans un fichier .ned et les différents paramètres de chaque module sont spécifiés dans un fichier de configuration (.ini). OMNeT++ génère à la fin de chaque simulation deux nouveaux fichiers de type vecteur (.vec) et de type scalaire (.sca) qui contiennent les résultats permettant de tracer les courbes et de calculer des statistiques afin de mieux apprécier le modèle implémenté. L'avantage que présente les formats de fichier de type scalaire et vecteur est qu'ils peuvent être accessibles par un très grand nombre d'outils et de langages à savoir, Matlab, GNU R, Python ou Ruby [JMK10].

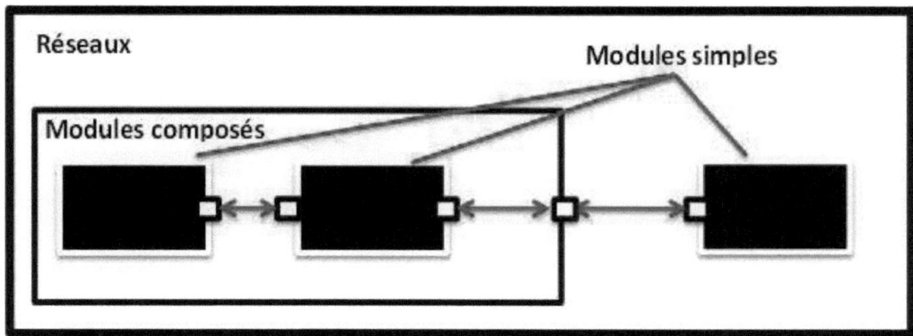

FIGURE 4.1: Architecture modulaire de OMNeT++

Les principaux avantages de OMNeT++ résident dans sa facilité d'apprentissage, sa documentation assez fournie, la facilité d'intégration des nouveaux modules, la modification des modules existants et sa gratuité.

4.3 Implémentation de l'algorithme PBDMEAQoS$_\alpha$

L'implémentation de notre algorithme sous OMNET++ passe par la définition de la topologie du réseau, la configuration des paramètres de la simulation et le code du comportement local sur chaque nœud.

4.3.1 Définition de la topologie du réseau

```
simple Node
{
    parameters:
        int flag;
        int niveau;
        int priorite;
        int granted;
        int state = 0;
        // trois etats peuvent  Etre possible 0 pour tranquill;  1 demandeur; 2 dans la SC
        @display("i=old/comp");
    gates:
        inout parent; // 1 pour parent
        inout leftChild; // 2  pour enfant gauche
        inout rightChild; // 3  pour enfant droit
}
network PBDMEAQoS
{
    parameters:
        int height @prompt("Height of the tree") = default(6);
    submodules:
        node[2^height-1]: Node;

    connections allowunconnected:

        for i=0..2^(height-1)-2 {
            node[i].leftChild <-->{  delay = 100ms; }<-->  node[2*i+1].parent;
            node[i].rightChild <-->{   delay = 100ms; }<-->  node[2*i+2].parent;
        }
}
```

4.3.2 Définition des paramètres de simulation

```
[General]
network = PBDMEAQoS
record-eventlog = true
sim-time-limit = 35s
*.height = 5
```

4.3.3 Comportement local sur chaque nœud

voir Annexe 1.

4.4 Exécution de l'algorithme PBDMEAQoS$_\alpha$

L'exécution de l'algorithme nous permet de confirmer la constitution des nœuds en arbre binaire complet ainsi que les relations de parenté entre ces nœuds. la figure 4.2 nous permet de visualiser l'exécution de notre algorithme. Sur cette image, les points rouges représentent les messages de types **REQUEST** et ceux en jaunes les messages **EXIT**.

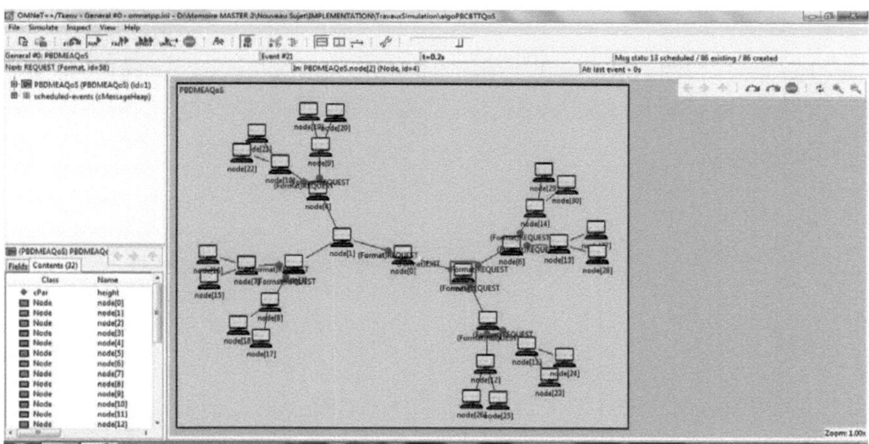

FIGURE 4.2: Exécution de l'algorithme PBDMEAQoS$_\alpha$ sur OMNeT++

Après simulation nous observons les détails de la simulation grâce à son fichier journal. La figure 4.3 présente les différents événements produits au cours de la simulation, en effet nous observons que certaines demandes sont supprimées durant l'exécution. Cette figure nous informe sur le fait que toutes demandes de SC n'est pas toujours satisfaites, fait qui rejoint l'approche de notre algorithme.

Conclusion

Au terme de ce chapitre dédié à l'implémentation et l'exécution de l'algorithme PBDMEAQoS$_\alpha$, on peut noter que le comportement attendu de l'algorithme a été observé pour la vivacité , la sureté et le rejet des requêtes à dates d'échéances atteintes. Il faut cependant noter que

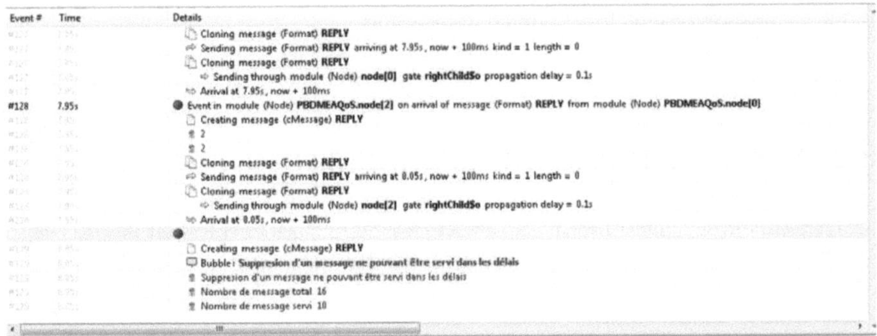

FIGURE 4.3: Exécution de l'algorithme PBDMEAQoS$_\alpha$ - journal d'exécution

l'implémentation et l'exécution de l'algorithme PBDMEAQoS$_\beta$ reste à mettre sur pied. Ceci en vue de faire des analyses de performances et des études comparatives entre les deux approches.

Conclusion générale et perspectives

Dans ce mémoire, il était question pour nous de répondre à la question de savoir si l'ajout des contraintes temporelles (priorité, durée d'exécution, date d'échéance) dans les algorithmes à permission permet d'améliorer les performances (bande passante, délai de synchronisation, vivacité , sûreté) de ce dernier. Pour y parvenir :

Nous avons présenté un état de l'art sur le problème de l'exclusion mutuelle dans les systèmes distribués, lequel nous a permis de nous familiariser avec les différentes approches utilisées dans la littérature. Et, surtout de souligner les limites des approches existantes ;

Nous avons étudié l'algorithme d'exclusion mutuelle à permission PBCBT qui présente une bonne complexité qui est de l'ordre de $O(log_2(N))$, nous avons souligné ses limites. Ces limites nous ont permis de spécifier et de définir des qualités absentes (qualité de service) dans cet algorithme ;

Nous avons proposé deux algorithmes d'exclusion mutuelle à permission incluant des contraintes temporelles dans l'algorithme PBCBT ; les contraintes considérées ici sont la priorité, la durée d'exécution en SC et la date d'échéance de chaque requête. Des preuves de ces algorithmes ont été proposées et il en ressort que ces algorithmes satisfont toutes les propriétés d'un algorithme d'exclusion mutuelle classique. Pour mieux apprécier le comportement de l'un de nos algorithmes, des simulations ont été faites avec le simulateur à événement discret OMNeT4.6.

Ce travail étant une proposition d'un meilleur algorithme d'exclusion mutuelle distribuée par permission à contraintes temporelles, des perspectives peuvent être la prise en charge de la tolérance aux fautes sur le réseau et les programmes dans notre algorithme.Une prise en compte du fait que la racine du réseau puisse être dynamique serait envisageable. Dans notre système actuel, la racine de l'arbre peut être un goulot d'étranglement car seul la racine l'arbre a une connaissance global du système.

Bibliographie

[ADM08] Kshemkalyani Ajay D. and Singhal Mukesh. *Distributed computing : principles, algorithms, and systems.* Cambridge University Press, 1 edition, 2008.

[AM90] Goscinski Andrzej M. Two algorithms for mutual exclusion in real-time distributed computer systems. *J. Parallel Distrib. Comput.*, 9(1) :77–82, 1990.

[And01] Varga András. The omnet++ discrete event simulation system. In *Proceedings of the European Simulation Multiconference (ESM'2001)*, 2001.

[Awe85] B Awerbuch. Complexity of network synchronization. *Journal of the ACM*, 32(4) :804–823, 1985.

[CCGZ90] C T Chou, I Cidon, I S Gopal, and S Zaks. Synchronizing asynchronous bounded delay networks. *IEEE Transactions on Communications*, 38(2) :144–147, 1990.

[CDKB12] G Coulouris, J Dollimore, T Kindberg, and G Blair. *DISTRIBUTED SYSTEMS Concepts and Design.* Addison-Wesley, fifth edition edition, 2012.

[Che15] Ken Chen. *Performance Evaluation by Simulation and Analysis with Applications to Computer Networks.* Iste. Wiley-ISTE, 1 edition, 2015.

[CT06] Pranay Chaudhuri and Edward Thomas. An o($\sqrt{n}$) distributed mutual exclusion algorithm using queue migration. *Journal of Universal Computer Science*, Vol.12, No.2 :140–159, 2006.

[Dij65] W. Edsger Dijkstra. Solution of a problem in concurrent programming control. *Commun. ACM*, page 8(9) :569, 1965.

[ESG11] James Edmondson, Doug Schmidt, and Aniruddha Gokhale. Qos-enabled distributed mutual exclusion in public clouds. In *On the Move to Meaningful Internet Systems : OTM 2011*, pages 542–559. Springer, 2011.

[FH98] P FERGUSON and G HUSTON. *Quality of Service–Delivering QoS on the Internet and in Corporate Networks.* John Wiley & Sons, Inc., 1998.

[Fra98] Mueller Frank. Prioritized token-based mutual exclusion for distributed systems. *In IPPS/SPDP*, pages 791–795, 1998.

[Gho14] Sukumar Ghosh. *Distributed Systems : An Algorithmic Approach.* Chapman Hall/CRC computer and information science series. CRC Press, 2 edition, 2014.

[Ham09] Nana Hamilton. *Améliorer la qualité des services : Avec la Gestion des Problèmes ITIL.* Groupe Eyrolles, groupe eyrolles edition, 2009.

[HT01] Ahmed Housni and Michel Trehel. Distributed mutual exclusion tokenpermission based by prioritized groups. *In : Proceedings of the ACS/IEEE International Conference on Computer Systems and Applications*, pages 253–259, 2001.

[ISO98] ISO/IEC. Quality of service. *ISO/IEC JTC1/SC7 N1996*, October 1998.

[JLJP13] Lejeune Jonathan, Arantes Luciana, Sopena Julien, and Sens Pierre. Un algorithme équitable d'exclusion mutuelle distribuée avec priorité. In *In 9ème Conférence Française sur les Systèmes d'Exploitation (CFSE'13), Chapitre français de l'ACM-SIGOPS, GDR ARP*, January 2013.

[JMK10] Gross James, Güne? Mesut, and Wehrle Klaus. *Modeling and Tools for Network Simulation.* Springer-Verlag Berlin Heidelberg, 1 edition, 2010.

[Kak95] H Kakugawa. *A Study on Distributed k-Mutual Exclusion Algorithms.* PhD thesis, Hiroshima University, 1995.

[KC10] Sukhendu Kanrar and Nabendu Chaki. Fapp : A new fairness algorithm for priority process mutual exclusion in distributed systems. *JNW*, 5(1) :11–18, 2010.

[Ker89] Raymond Kerry. A tree-based algorithm for distributed mutual exclusion. *ACM Trans. Comput. Syst.*, 7(1) :61–77, 1989.

[KSD14] V. C. Kamla, Souleymanou, and I Damakoa. Pbcbt : An improvement of ntbcbt algorithm. *International Journal of Peer to Peer Networks(IJP2P)*, Vol.5, No1 :1–8, Février 2014.

[Lam78] Leslie Lamport. Time, clocks, and the ordering of events in a distributed system. *Communications of the ACM*, 21(7) :558–565, Juillet 1978.

[LASS12] Jonathan Lejeune, Luciana Arantes, Julien Sopena, and Pierre Sens. Service level agreement for distributed mutual exclusion in cloud computing. pages 180–187, 2012.

[LCCY12] JongBeom Lim, Kwang-Sik Chung, Sung-Ho Chin, and Heon-Chang Yu. A gossip-based mutual exclusion algorithm for cloud environments. In *Advances in Grid and Pervasive Computing*, pages 31–45. Springer, 2012.

[Lej14] Jonathan Lejeune. *Algorithmique distribuée d'exclusion mutuelle : vers une gestion efficace des ressources.* PhD thesis, Université Pierre et Marie Curie, 2014.

[LK00] Sandeep Lodha and Ajay Kshemkalyani. A fair distributed mutual exclusion algorithm. *Parallel and Distributed Systems, IEEE Transactions on*, 11(6) :537–549, 2000.

[Mae85] Mamoru Maekawa. A square-root(n) algorithm for mutual exclusion in decentralized systems. *ACM Transactions on Computer Systems*, Vol.3, No.4 :145–159, May 1985.

[Med11] Emmanuel Medernach. Allocation de ressources et ordonnancement multi-utilisateurs : une approche basée sur l'équité, 2011.

[Mel09] Abdelhamid Mellouk. *End-to-End Quality of Service Mechanisms in Next Generation Heterogeneous Networks.* John Wiley & Sons, 2009.

[Nic07] Santoro Nicola. *DESIGN AND ANALYSIS OF DISTRIBUTED ALGORITHMS.* John Wiley & Sons, Inc., 2007.

[NT87] Mohamed Naimi and Michel Trehel. An improvement of the log(n) distributed algorithm for mutual exclusion. *In ICDCS*, pages 371–377, 1987.

[RA81] Glenn Ricart and Ashok K. Agrawala. An optimal algorithm for mutual exclusion in computer networks. *Commun. ACM*, pages 24 :9–17, Janvier 1981.

[Ray91] Michel Raynal. A simple taxonomy for distributed mutual exclusion algorithms. *ACM SIGOPS Operating Systems Review*, 25(2) :47–50, 1991.

[RSP11] G. Richa, G. Shikha, and D Pooja. Ntbcbt :a distributed mutual exclusion algorithm. *International Journal of Peer to Peer Networks(IJP2P)*, Vol.2, No.3 :25–31, July 2011.

[SK85] Ichiro Suzuki and Tadao Kasami. A distributed mutual exclusion algorithm. *ACM Transactions on Computer Systems (TOCS)*, 3(4) :344–349, 1985.

[Sop08] Julien Sopena. *Algorithmes d'exclusion mutuelle : tolérance aux fautes et adaptation aux grilles.* PhD thesis, Université Pierre et Marie Curie - Paris VI, Décembre 2008.

[SR03] P.C. Saxena and J. Rai. A survey of permission-based distributed mutual exclusion algorithms. *Computer Standards and Interfaces*, Vol.5, No1 :25(2003)159–181, 2003.

[TKZ94] G Tel, E Korach, and S Zaks. Synchronizing abd networks. *IEEE Transactions on Networking*, 2(1) :66–69, 1994.

[TS07] A Tanenbaum and M Steen. *DISTRIBUTED SYSTEMS : Principles and Paradigms.* Prentice Hall, Pearson Education, second edition edition, 2007.

[TS11] A Tanenbaum and M Steen. *COMPUTER NETWORKS.* Prentice Hall, Pearson Education, fifth edition edition, 2011.

[Vel93] Martin G. Velazquez. A survey of distributed mutual exclusion algorithms. Technical report, Colorado state university, 6 Septembre 1993.

[WSZ12] Pan Weisen, Chen Shizhan, and Feng Zhiyong. Service-oriented ontology and its evolution. In *Advances in Grid and Pervasive Computing*, pages 109–121. Springer, 2012.

[YI94] Chang Ye-In. Design of mutual exclusion algorithms for real-time distributed systems. *J. Inf. Sci. Eng.*, 11(4) :527–548, 1994.

ANNEXES

L'annexe commence à la page suivante.

```
#include <omnetpp.h>
#include <stdio.h>
#include <string>
#include <iostream>
#include <iomanip>


#include "format_m.h"

using namespace std;

typedef struct chemin Chemin;
struct chemin
{
    int idMsg;
    int idNoeud;
    int way;
};
double const gamma(0.1);
double const e(0.2);


class Node : public cSimpleModule
{
public:
    Node();
   virtual ~Node();


private:
    int flag;
    int granted;
    int compteur;
    static Chemin t[100][200];
    static int pos;
    static int NbTotal;
    static int NbServi;
    cLongHistogram hopCountStats;
    cOutVector hopCountVector;



    static int i;
    cQueue queue;

    simtime_t timeout;  // timeout
    Format *fmsg;



protected:

    virtual void initialize() override;
    virtual void sendCopyOf(Format *fmsg, int direct);
    virtual void asking();
    void insertMessage(cQueue *queue , Format *f );
    Format* ResearchMax(cQueue *queue , Format *f );
    int pronfondeur(int k);
    virtual void release(cQueue *queue,Format *f);
    virtual void handleMessage(cMessage *msg) override;
    virtual void finish() override;

};

Chemin Node::t[100][200] ;
int Node::i = 0;
```

```
int Node::pos = 0;
int Node::NbTotal = 0;
int Node::NbServi = 0;


// The module class needs to be registered with OMNeT++
Define_Module(Node);

Node::Node()
{
}
Node::~Node()
{

}
void Node::initialize()
{
    queue.setName("queue");
    int k = intuniform(1,5);
    par("priorite") = par("priorite").setLongValue(k);
    par("niveau") = par("niveau").setLongValue(pronfondeur(getIndex()));
    hopCountStats.setName("hopCountStats");
    hopCountStats.setRangeAutoUpper(0, 20, 1.5);
    hopCountVector.setName(" Nombre de messages échangés");
   int  x = poisson(10);
    simtime_t l ;
    l = 0.1 *x ;
    if( getIndex() %  2 == 0  )
    {
            asking();
            NbTotal++;
    }
}

void Node::asking()
{
    compteur = 0;
    int x ,y;

    simtime_t dei, dsci; // dei  représente la durée d'exécution dans la ressource critique
    // dsci représente la date d'échance de la ressource critique elle s'exprime en microseconde
    // on fixe la durée de traitement ici à 50 ms par noeud


    simtime_t Bi, Ai, Ci;
    double V;


    // on calcule la valeur

     x = poisson(10);
     y = poisson(100);

     dei = 0.01*x;
     dsci = 0.1*y +dsci + (gamma + e)*par("niveau").longValue() ;
    while ( x== 0 || y ==0 || dei>dsci)
    {
       x = poisson(3);
       y = poisson(10);
       dei = 0.1*x;
       dsci = 0.1*y +dsci + (gamma + e)*par("niveau").longValue() ;
    }


    fmsg = new Format("REQUEST");

```

```
    fmsg->setIdExp(getIndex());
    fmsg->setDateEchea(dsci);
    fmsg->setDureeSc(dei);
    fmsg->setNir(int (par("niveau").longValue()));
    fmsg->setHorloge( (fmsg->getId()+1));

    fmsg->setH( simTime() +0.1 );
    fmsg->setObjMsg("REQUEST");

    fmsg->setNbMsg(compteur);



    Ai = double(par("priorite").longValue()*(1/dei ));
    Bi = dsci - (dei+ (gamma + e)*2*par("niveau").longValue());
    Ci = simTime() +0.1;
   // EV<< "   Pour le message  " << fmsg->getIdExp() << "   Niveau  actuel  " << dsci - (dei+ (gamma +
e)*2*par("niveau").longValue()) <<"   Temps actuel  " << simTime() << endl;

    V = (( simTime().dbl() - Ci.dbl()  )/(Bi.dbl()-simTime().dbl()))*Ai.dbl();

    fmsg->setA(Ai);
    fmsg->setB(Bi);
    fmsg->setC(Ci);
    fmsg->setV(V);



    if ( getIndex() != 0 )
    {
        if(simTime() > Bi )
        {
            bubble(" Vous ne pouvez pas être servir ");
            EV<<" Vous ne pouvez pas être servir " <<endl;
        }
        else
        {
            insertMessage( &queue,fmsg);
            sendCopyOf(fmsg,1);
        }

    }
}

void Node::release(cQueue *queue , Format *f)
{
    Format *msgTmp;
    simtime_t tempsSC = f->getDureeSc();
    par("granted") = par("granted").setLongValue(0);
    par("flag")  = par("flag").setLongValue(0);
    Format *msg = new Format("EXIT",4);
    msg->setA(f->getA());
    msg->setH( f->getH());
    msg->setDateEchea(f->getDateEchea());
    msg->setC(f->getH());
    msg->setDureeSc( f->getDureeSc());
    msg->setB(  f->getB()  );
    msg-> setV( ((simTime().dbl()- f->getA().dbl() )/(f->getB().dbl()-simTime().dbl()))*f->getA().dbl());
    msg->setA(f->getA());
    msg->setNir(f->getNir());
    msg->setIdExp(f->getIdExp());
    msg->setHorloge(f->getHorloge() );
    msg->setObjMsg("EXIT");
    msg->setNbMsg(f->getNbMsg());
    msgTmp = NULL;

```

```
    for(int o = 0; (o< queue->length())    ; o++)
            {
                msgTmp = (Format *)queue->get(o);
                if ( simTime() > msgTmp->getB()   || msgTmp->getIdExp() == f->getIdExp()   )
                {
                    bubble("Suppresion d'un message ne pouvant être servi ou ayant déjà été servi");
                    EV <<"Suppresion d'un message ne pouvant être servi ou ayant déjà été servi" <<endl;
                    queue->remove(msgTmp);
                }
            }


     if (getIndex() == 0)
            {
                  compteur = 0;
                  compteur = msg->getNbMsg()+1;
                  msg->setNbMsg(compteur);
                  scheduleAt(simTime()+tempsSC, msg);
            }
      else
            {
                  compteur = 0;
                  compteur = msg->getNbMsg()+1;
                  msg->setNbMsg(compteur);
                  sendDelayed(msg,tempsSC,"parent$o");
             }

}



void Node::handleMessage(cMessage *msg)
{
    Format *msgTmp , *msg1;
    for (cModule::GateIterator i(this); !i.end(); i++)
    {
        cGate *gate = i();

        if (!gate->isVector())
        {

            if (  (strcmp(gate->getFullName()   , "leftChild$o")==0 || strcmp(gate->getFullName()   , "rightChild$o")==0) && gate->isConnected() ==0   )
                bubble(" fin  du parcours ");
        }

    }
    Format *fmsg = check_and_cast<Format *>(msg);
    if( par("flag").longValue()  == 0)
    {

        if(pos == 0 || strcmp(fmsg->getObjMsg(),"REQUEST")==0)
        {

                 int len ;

                   string way;
                   way = fmsg->getSenderGate()->info();

                   way = way.substr(12);
                   len = way.length();
                   way = way.erase(len-2);
                   way = way.substr(0,12);
                   if( (way==".leftChild$i,") || (way=="leftChild$i,") || (way ==".leftChild$i"))
                   {
                       t[getIndex()][fmsg->getIdExp()].way = 1;
```

```
                    t[getIndex()][fmsg->getIdExp()].idMsg = fmsg->getId();
                    t[getIndex()][fmsg->getIdExp()].idNoeud= getId() ;

                }
                else if(  way=="rightChild$i," || way=="rightChild$i"  || way==".rightChild$" ||  way==".rightChild$i" )
                 {
                    t[getIndex()][fmsg->getIdExp()].way = 2;
                    t[getIndex()][fmsg->getIdExp()].idMsg = fmsg->getId();
                    t[getIndex()][fmsg->getIdExp()].idNoeud= getId() ;
                   }
        }

 // DEMANDE DE LA RESSOURCE CRITIQUE
        if ( strcmp(fmsg->getObjMsg(),"REQUEST")==0)
        {
            if (getIndex() == 0)
                {
                    simtime_t   tj = fmsg->getB() + (gamma + e);
                    if(  ( tj > simTime() ))
                    {
                        Format *msg = new Format("REQUEST");

                        msg->setA(fmsg->getA());
                        msg->setDateEchea(fmsg->getDateEchea());
                        msg->setDureeSc( fmsg->getDureeSc());
                        msg->setB(  fmsg->getB() + (gamma + e) );

                        msg->setH(fmsg->getH());
                        msg-> setV( (( simTime().dbl()-msg->getC().dbl())/(fmsg->getB().dbl()-simTime().dbl()))*msg->getA().dbl());
                        msg->setC(fmsg->getC());

                        msg->setNir(fmsg->getNir());
                        msg->setIdExp(fmsg->getIdExp());
                        msg->setHorloge(fmsg->getHorloge() );
                        msg->setNbMsg( compteur);
                        msg->setObjMsg("REQUEST");
                        insertMessage( &queue,fmsg);
                    }
                    else
                    {
                            delete fmsg;
                            bubble("Suppresion d'un message étant en chemin et ne ayant dépassé sa date d'échéance");
                            EV <<"Suppresion d'un message étant en chemin et ne ayant dépassé sa date d'échéance" <<endl;
                    }
                        if ( par("granted").longValue() == 0 )
                        {
                            par("granted") = par("granted").setLongValue(1);
                            Format *msg = new Format("REPLY",1);
                            msg1 = ResearchMax(&queue, fmsg);
                            if ( msg1 == NULL )
                            {
                                exit(1);
                            }
                            msg->setA(msg1->getA());
                                                    msg->setDateEchea(msg1->getDateEchea());
                                                    msg->setDureeSc( msg1->getDureeSc());
                                                    msg->setB( msg1->getB() + (gamma + e) );

                                                    msg->setH(msg1->getH());
                                                    msg-> setV( (( simTime().dbl()-msg1->getC().dbl())/(msg1->getB().dbl()-simTime().dbl()))*msg1->getA().dbl());
                                                    msg->setC(msg1->getC());
```

```
                                        msg->setA(msg1->getA());
                                        msg->setNir(msg1->getNir());
                                        msg->setIdExp(msg1->getIdExp());
                                        msg->setHorloge(msg1->getHorloge() );
                        msg->setObjMsg("REPLY");
                      //  EV<<" bonjour je dérange grave"<<endl;
                        if (  t[getIndex()][msg->getIdExp()].way == 1   )
                        {
                            compteur = 0;
                            compteur = msg->getNbMsg()+1;
                            msg->setNbMsg(compteur);
                            sendCopyOf(msg, 2 );
                        }
                        else if (t[getIndex()][msg->getIdExp()].way == 2      )
                        {
                            compteur = 0;
                            compteur = msg->getNbMsg()+1;
                            msg->setNbMsg(compteur);
                            sendCopyOf(msg, 3 );
                        }
                }
            }
            else
            {
                compteur = fmsg->getNbMsg()+1;
                simtime_t   ti = (fmsg->getB() + (gamma + e));
                if ( simTime()   > ti  )
                {
                    delete fmsg;
                    bubble("Suppresion d'un message ne pouvant être servi");
                    EV<<"Suppresion d'un message ne pouvant être servi" <<endl;
                }
                else
                {
                    fmsg->setA(fmsg->getA());
                    fmsg->setDateEchea(fmsg->getDateEchea());
                    fmsg->setDureeSc( fmsg->getDureeSc());
                    fmsg->setB( fmsg->getB() + (gamma + e) );

                    fmsg->setH(fmsg->getH());
                    fmsg-> setV( (( simTime().dbl()-fmsg->getC().dbl())/(fmsg->getB().dbl()-simTime().dbl()))*fmsg->getA().dbl());
                    fmsg->setC(fmsg->getC());

                    fmsg->setA(fmsg->getA());
                    fmsg->setNir(fmsg->getNir());
                    fmsg->setIdExp(fmsg->getIdExp());
                    fmsg->setHorloge(fmsg->getHorloge() );

                    insertMessage( &queue,fmsg);
                    sendCopyOf(fmsg,1);
                }
            }
        }
// FIN DE DEMANDE DE LA RESSOURCE CRITIQU
        if ( strcmp(fmsg->getObjMsg(), "REPLY")==0)
        {
                if ( fmsg->getIdExp() == getIndex())
                {
// ENTREE DANS LA SECTION CRITIQUE
                    par("granted") = par("granted").setLongValue(1);
                    par("flag")  = par("flag").setLongValue(1);
                    //simtime_t tempsSC = fmsg->getDureeSc();

// FIN DE L' ENTREE DANS LA SECTION CRITIQUE
```

```
                    NbServi++;
                    bubble(" Entree en Section critique reussie ");
                    EV <<" Entree en Section critique reussie " <<endl;


// SORTIE DE LA SECTION CRITIQUE
                    release(&queue, fmsg);

// FIN DE SORTIE DE LA SECTION CRITIQUE
            }
            else
            {
                Format *msg = new Format("REPLY",1);
                if (!queue.empty())
                {
                  //  EV<<"Bonjour c'est moi"<<endl;
                    msg1 = ResearchMax(&queue,fmsg);
                                        msg->setA(msg1->getA());
                                                        msg->setDateEchea(msg1->getDateEchea());
                                                        msg->setDureeSc( msg1->getDureeSc());
                                                        msg->setB( msg1->getB() + (gamma + e) );

                                                        msg->setH(msg1->getH());
                                                        msg-> setV( (( simTime().dbl()-msg1->getC().dbl())/(msg1->getB().dbl()-simTime().dbl()))*msg1->getA().dbl());
                                                        msg->setC(msg1->getC());

                                                        msg->setA(msg1->getA());
                                                        msg->setNir(msg1->getNir());
                                                        msg->setIdExp(msg1->getIdExp());
                                                        msg->setHorloge(msg1->getHorloge() );
                     msg->setObjMsg("REPLY");
                }
                if (   t[getIndex()][msg->getIdExp()].way == 1    )
                                {
                                    compteur = 0;
                                    compteur = msg->getNbMsg()+1;
                                    msg->setNbMsg(compteur);
                                    sendCopyOf(msg, 2 );
                                }
                                else if (     t[getIndex()][msg->getIdExp()].way == 2      )
                                {
                                    compteur = 0;
                                    compteur = msg->getNbMsg()+1;
                                    msg->setNbMsg(compteur);
                                    sendCopyOf(msg, 3 );
                                }
            }
        }
        if ( strcmp(fmsg->getObjMsg(), "EXIT")==0)
         {
            msgTmp = NULL;
            par("granted") = par("granted").setLongValue(0);
            for(int o = 0; (o< queue.length())    ; o++)
                    {
                        msgTmp = (Format *)queue.get(o);
                        if ( simTime() > msgTmp->getB()  || msgTmp->getIdExp() == fmsg->getIdExp()  )
                        {
                            bubble("Suppresion d'un message ne pouvant être servi ou ayant déjà été servi");
                            EV <<"Suppresion d'un message ne pouvant être servi ou ayant déjà été servi" << endl;
                            queue.remove(msgTmp);
                        }
                    }
            if (getIndex() == 0)
```

```
            {
                if( !queue.empty())
                {
                    par("granted") = par("granted").setLongValue(1);
                    Format *msg = new Format("REPLY",1);
                    msg->setA(fmsg->getA());
                    msg->setDateEchea(fmsg->getDateEchea());
                    msg->setDureeSc( fmsg->getDureeSc());
                    msg->setB(fmsg->getB() );

                    msg->setH(fmsg->getH());
                    msg-> setV( (( simTime().dbl()-fmsg->getC().dbl())/(fmsg->getB().dbl()-simTime().dbl()))*fmsg->getA().dbl());
                    msg->setC(fmsg->getC());

                    msg->setA(fmsg->getA());
                    msg->setNir(fmsg->getNir());
                    msg->setIdExp(fmsg->getIdExp());
                    msg->setHorloge(fmsg->getHorloge() );

                    msg->setObjMsg("REPLY");

                    scheduleAt(simTime(), msg);
                    pos= 1;
                }
            }
            else
            {
                    sendCopyOf(fmsg, 1);
            }
        }
    }
}
void Node::finish()

{
    EV << "Nombre de message total  " << NbTotal << endl;
    EV << "Nombre de message servi  " << NbServi << endl;
}

void Node::sendCopyOf(Format *msg, int direct)
{
    // Duplicate message and send the copy.
    Format *copy = (Format *)msg->dup();
    if (direct == 1)
        send(copy, "parent$o");
    if (direct == 2)
        send(copy,  "leftChild$o" );
    if( direct == 3)
        send(copy,  "rightChild$o" );

}

int Node::pronfondeur(int k)
{
    int l, r;
    l = 0;
    if ( k == 0 )
        {
            l = 0;
        }
        else
        {
            r = k;

            while( r != 0 )
```

```
                    {
                        r = abs((r-1)/2);
                        l= l +1;
                    }
            }
        return l;
}


void Node::insertMessage(cQueue *queue , Format *f )
{
    queue->insert(f);
}

Format*  Node::ResearchMax(cQueue *queue, Format *f )
{
    Format *msgTmp, *Maxmsg ;
    Maxmsg=NULL;
    msgTmp = NULL;
    double Vmax=0;
    double VmsgTmp=0;



    for(int o = 0; (o< queue->length()) &&  !queue->empty()   ; o++)
                {
                    msgTmp = (Format *)queue->get(o);
                      if ( simTime() > msgTmp->getB()     )
                    {
                        bubble("Suppresion d'un message ne pouvant être servi dans les délais ");
                        EV <<"Suppresion d'un message ne pouvant être servi dans les délais " <<endl;
                        queue->remove(msgTmp);
                        if ( queue->length() ==0  )
                          {
                                EV << "Nombre de message total  " << NbTotal << endl;
                                EV << "Nombre de message servi  " << NbServi << endl;
                                exit(0);
                          }
                    }
                      EV << queue->length()<<endl;
                 if (queue->length() ==1 )
                 {
                     Maxmsg = (Format *)queue->get(0);

                 }
                 else
                 {
                     VmsgTmp = (( simTime().dbl()-msgTmp->getC().dbl())/(msgTmp->getB().dbl()-simTime().dbl()))*msgTmp->getA().dbl();
                     if ( Vmax < VmsgTmp     )
                        {
                            Vmax = VmsgTmp;
                            Maxmsg = msgTmp;
                        }
                 }
                }
    return Maxmsg;
}
```

yes

I want morebooks!

Buy your books fast and straightforward online - at one of world's fastest growing online book stores! Environmentally sound due to Print-on-Demand technologies.

Buy your books online at
www.morebooks.shop

Achetez vos livres en ligne, vite et bien, sur l'une des librairies en ligne les plus performantes au monde!
En protégeant nos ressources et notre environnement grâce à l'impression à la demande.

La librairie en ligne pour acheter plus vite
www.morebooks.shop

KS OmniScriptum Publishing
Brivibas gatve 197
LV-1039 Riga, Latvia
Telefax: +371 686 204 55

info@omniscriptum.com
www.omniscriptum.com

Printed by Books on Demand GmbH, Norderstedt / Germany